Heinz Siery

Das Leben ist viel zu kurz für das, was es zu bieten hat

man kann viel mehr als man glaubt zu können

Copyright: © 2016 Heinz Siery
Satz: Erik Kinting - www.buchlektorat.net

Verlag: tredition GmbH, Hamburg
Printed in Germany

Bibliografische Information der Deutschen Nationalbibliothek:
Die Deutsche Nationalbibliothek verzeichnet diese Publikation in der Deutschen Nationalbibliografie; detaillierte bibliografische Daten sind im Internet über http://dnb.d-nb.de abrufbar.

1927 – Man kann viel mehr als man glaubt zu können

was muss alles gelebt haben, damit es uns so gibt, wie wir sind? Es ist faszinierend, was man herausfindet, wenn man Ahnenforschung betreibt, feststellt, mit wem man alles verwandt war und wie die Zweige des Stammbaumes immer weiter auseinander gehen, in nicht mehr zu entdeckende Weiten reichen, ja bis zu den ersten Zellteilungen.

Mein Leben fing in einem alten Fachwerkhaus schon an, da gab es mich noch nicht auf dieser Welt! Aber das sollte sich schon bald ändern, denn der Samen war schon präzise verteilt und der Wachstumsprozess in vollem Gange. Wenn er nicht gestört wurde, geschah ein Wunder und ein perfektes Abbild der Samenspender blickte erstaunt in die völlig neue Umgebung und in Augen, die vor Freude strahlten.

Die erste Fremd-Begegnung mit meiner Umwelt war der Pfarrer, der den Tag meiner Geburt ins Kirchenbuch ein trug, wie das Jahrhunderte lang nur der Kirche vorbehalten war, und mich anschließend mit kaltem Wasser überschüttete, wogegen ich das erste Mal in meinem Leben lauten Protest erhob. Was aber gar nichts half, denn ab sofort war ich, kraft der Taufe, als Karl-Heinz-Michael Siery Mitglied der katholischen Kirche. Als Geburtstag stand da nun der 21.Januar 1927, aber wie sich bald herausstellen sollte, stand dieses Datum auf wackeligen Beinen. Eine erste Besonderheit in meinem Leben zeichnete sich ab.

Denn da gab es ein zweites Buch, staatlich-amtlichen Charakters, das von einem Vertreter des Standesamtes in der Küche eines unbescholtenen Bürgers des Dorfes geführt wurde. Sehr wichtig genommen wurde der Eintrag nicht, und der Platz des offiziellen Dokumentes befand sich im Küchenschrank der braven Leute neben Tellern, Tassen und Schüsseln. Mein Vater musste nach einer ganzen Weile gebeten werden, den Nachwuchs auch dem Staat anzudienen. Der Besuch fand in aller Freundschaft statt, es wurde erst einmal kräftig auf meine Ankunft geprostet, und als die eigentliche Amtshandlung begann, war man in bester Stimmung. Auf die Frage „Wann ess dann dä Jung gebore" (wann ist denn der Junge geboren) sagte mein Vater im Dialekt: „am einenzwanzichste Janewa",(21.Januar), was der etwas angeheiterte Amtsvertreter als den „Neinenzwanzigsten" gehört zu haben glaubte, da beide Wörter im Dialekt sehr ähnlich klangen. Da inzwischen schon Monate vergangen waren, schrieb er ins amtliche Buch 29.Januar 1927. Und dabei blieb es.

Es fiel meiner Mutter erst auf, als sie mich nach drei Jahren in Baumbach, ihrer Heimat, anmeldete, aber da nützte ihr Protest nichts mehr, meine Geburt war ja amtlich besiegelt, und nur das zählte. Im Übrigen hatte der Geburtstag bei den Katholiken eh keinen Stellenwert, er wurde völlig missachtet, denn wir feierten statt dessen unseren NAMENSTAG. Dafür bekamen wir einen Heiligen verpasst, denn von denen gab es ja genug, und so entpuppte sich mein schlichter Heinz, die anderen Namen ließ man unbeachtet, als Heiliger Kaiser Heinrich II. Den Geburtstag feierten nur die EVANGELISCHEN, aber die kamen ja, nach unserer katholischen Lehrmeinung, alle ohnehin in die Hölle. Die hatten ja auch keine Heiligen, die für sie mal ein gutes Wort im Himmel hätten einlegen können.

Das kommende Leben hatte offensichtlich etwas Besonderes mit mir vor, denn kein anderer von uns hatte einen Kaiser als Heiligen vorzuweisen. Mit meinem schon sehr frühen Bemühen um Kreativität habe ich mir zu den nun schon vorhandenen zwei Geburtstagen noch einen eigenen, dritten zugelegt. Denn später, dann schon in der Schule, kannte keiner von uns den eigenen Geburtstag. Also sollten wir zu Hause danach fragen, als sich meine Eltern darüber stritten, mit welchem von den beiden ich mich denn in der Schule anmelden sollte - meine Mutter sah noch eine Chance für eine Richtigstellung – entschied ich mich im stillen für eine dritte Variante und zwar für eine, die am leichtesten zu behalten war. Sie lautete: 27.1.27! Bis zur Schulentlassung ließ sich damit gut und locker leben, auch mit der Erkenntnis, dass man nicht alles glauben muss, was geschrieben steht, wie jetzt bei meinen drei Geburtstagen. Diese Skepsis blieb lebenslang mein Begleiter, ebenso das Bedürfnis, mir über alles und jedes eine eigene Meinung zu bilden und nichts zu übernehmen, was ich selbst nicht akzeptieren konnte. Bin später nie in einem Verein gewesen und ertrug auch kein Kneipengeschwätz. Darunter litt mein Ansehen natürlich in bestimmten Kreisen. Wer nicht mit den Wölfen heult, muss stark sein.

Mein Vater lebte in einem kleinen Bauerndorf in Nauort, das berühmt war wegen seiner guten Bohnen, und so wurde ich als „Nauerder Bun", wie es im Dialekt hieß, geboren. Mein Siery-Großvater lebte nicht mehr, ebenso meine Großmutter nicht, die schon sehr früh verstorben war. So lebte mein Vater allein und ohne Frau im Hause. Meine Großmutter stammte aus Ransbach, meine Mutter aus Baumbach, die beiden Dörfer grenzten aneinander und waren seit Generationen verfeindet - das gab es zu dieser Zeit oft. Mein Vater hatte also Verwandte in Ransbach, so wie meine Mutter in Baumbach. Beides waren ausgesprochene Keramikdörfer.

Man traf sich bei einer obligatorischen Dorf-Kirmes, die ja auch immer ein Heiratsmarkt war, mochte sich wohl, und meine Mutter fand sich, wie das Leben so spielt, bald darauf als Haushälterin in dem

Kleinbauern-Nest unter anspruchslosen, aber heiteren Menschen. Sie fühlte sich dort zunächst wohl. Aber dann forderte das wohlige und alleinige Beisammensein, ganz sicher nicht das unbedingte Bedürfnis der Arterhaltung, seinen Tribut, und das Resultat war ich. Ich kam also zu früh und zwang damit meine Erzeuger zur Heirat, wie sich das in einer rabenschwarz katholischen Gemeinde gehörte. Obwohl die endgültige Verbindung noch gar nicht beabsichtigt war, weil der Malheur-Verursacher sich partout nicht beseitigen ließ. Die heutigen medizinischen Möglichkeiten hatte man damals noch nicht, sonst würde es mich jetzt nicht geben. So entstand, wenn auch ungewollt, eine Familie, was in dieser Zeit ja fast die Regel und keine Ausnahme war. Als das Produkt eines Missgeschickes sich erstmalig in voller Pracht vorstellte, schlug der Verdruss und das schlechte Gewissen um in Freude.

1930 – Baumbach

Ungewollt Mutter geworden, sah sie für meine Zukunft schlechte Aussichten für ein Weiterkommen. Und so fand ich mich mit drei Jahren in der Heimat meiner Mutter wieder, in einer ganz neuen Welt, nämlich in einer, in der überall drinnen und draußen kleinere und größere Feuer brannten, die ab und zu einen qualmenden Gestank verursachten, dann hieß es: der oder jener ist am SALZEN. Was das bedeutete, erfuhr ich später. Es war einfach alles faszinierend und neu für mich in dieser Welt, in der sich alles um KERAMIK drehte, in der mannigfaltigsten Gestaltung. Das Tollste war, man konnte überall alles betrachten und ich war als Kind meiner Mutter gerne gesehen und hatte auch sofort einen neuen Namen, nämlich den meines, auch schon früh verstorbenen mütterlichen Michael Riedel-Großvaters. Der Name gefiel mir so gut, so dass auf die obligatorische Frage: „Wie heißt Du denn?" die prompte Antwort kam: RIEDEL-MICHEL, denn einen Michel konnte ich ja auch vorweisen und als solcher habe ich dann dort auch meine Kindheit und Jugend verbracht. Meine Riedel-Großmutter starb acht Tage vor meiner Geburt, habe also nie Großeltern gekannt, was ich immer sehr bedauert habe, denn alle anderen Kinder hatten Großeltern.

Im Gegensatz zu meiner Mutter und mir war mein Vater nicht glücklich in dieser neuen Umgebung. Denn hier waren alle sehr strebsam und fleißig, was zu unterschiedlichem sozialen Ansehen führte. Das kannte mein Vater aus seiner Heimat gar nicht. Dort gab es diese Unterschiede nicht, dafür lebte man aber in einer fröhlichen und heiteren Bescheidenheit. Einen Lichtblick gab es dann doch noch: Er hatte nämlich noch vier weitere Nauorter Burschen auf besagte Ransbacher Kirmes mit geschleppt, die dann von vier Baumbacher Mädchen so beeindruckt waren, wie mein Vater von meiner Mutter und prompt das gleiche Schicksal erlitten. So war man nicht mehr alleine in dieser fremden Welt und konnte sich gegenseitig Mut machen, um das Heimweh zu bekämpfen.

Mein Vater kannte keinen Neid und daher auch keinen Ehrgeiz, solchen zu erwecken. Im Gegensatz zu meiner Mutter, die sehr ehrgeizig war und von Anfang an bestimmte, wo es lang ging. Das Wichtigste hatte sie ja schon auf den Weg gebracht, nämlich den Umzug nach Baumbach. Nachdem in Nauort alles verkauft worden war und wir erst in Baumbach zur Miete wohnten, begann sie zielstrebig den Wunsch nach einem eigenen Haus zu verwirklichen. Aber es sollte etwas Besonderes sein, nicht so wie die einfältigen viereckigen Kästen in Baumbach, sondern mit einem halbrunden Erker und einer Veranda vor dem Eingang. Die Kosten überstiegen natürlich die gewährte Hypothek und so wurde nur die untere Etage ausgebaut, aber wir konnten schon einmal einziehen. Die Häme der Verwandtschaft, ertrug man gelassen, denn man wohnte ja im eigenen Haus, und der innere Makel wurde durch die äußere Schönheit mehr als wett gemacht. Eine zweite Hypothek ermöglichte dann den oberen Ausbau, der sofort vermietet wurde. Mein Vater hat ihr nie Vorwürfe gemacht wegen der zusätzlichen Kosten für Schönheit und die Tatkraft meiner Mutter bewundert, obwohl an allen Ecken und Enden gespart werden musste.

Baumbach war ein erzkatholisches Dorf und die Kirche bestimmte den religiösen Jahresablauf von Neujahr bis Silvester nach genau festgeschriebenen Regeln, die für jeden bindend waren - von den sechsjährigen bis zu den Urgroßeltern. Jeden Tag der Woche bestimmte die Kirche. Auch an den Werktagen war jeden Morgen eine Messe, die aber keine Pflichtübung war. Der Freitag war ein sogenannter Abstinenztag, an dem kein Fleisch gegessen werden durfte, aber Fisch. Der Samstag war der Hausputz- und Badetag in einer Zinkbadewanne für Kindlein, Weiblein und Männlein, alle im selben Wasser. Denn am Sonntag musste alles sauber glänzen für den hoch heiligen Tag, an dem alle in der Kirche erscheinen mussten, und zwar im besten Zwirn. Ausnahmen galten nur für Schwerstkranke und Kleinstkinder. Da meine Mutter mir das Sprechen beigebracht hatte, gab es durch den Ortswechsel dialektisch keine Schwierigkeiten für mich. Dafür hatten wir aber große Probleme in der Schule mit dem sogenannten Hochdeutsch. Das war dann für uns eine ganz neue Sprache, was besonders beim Schreiben von Aufsätzen zu heiteren Kuriositäten führte, denn zu Hause wurde bei allen nur Dialekt gesprochen. Einige meiner Verwandten hatten kleinere oder größere Keramikfabriken, und so wuchs ich buchstäblich mit Ton unter den Füßen auf, denn der Ton war allgegenwärtig. Dort lernte ich auch den Kindergarten kennen und lieben, den man damals VERWAHRSCHULE nannte und der von sehr netten katholischen Nonnen geführt wurde. Hier fand ich auch meine erste große Liebe, nämlich in der Näh-und Krankenschwester, und obwohl ich einen ständigen Streit mit den Mädchen hatte, war ich ihr Favorit.

Wir wohnten ganz am unteren Ende des Dorfes, im letzten Haus, genau an der Grenze zu dem verhassten Ransbach. Ich wurde gleich neugierig und freundlich begrüßt von zwei fast gleichaltrigen Buben als Nachbarskinder, deren Eltern eine kleine Pfeifen-Fabrik betrieben. Es sollte eine ambivalente Freundschaft fürs Leben werden. Ich war schon angekündigt worden als eifriger Verwahrschüler, und für deren Eltern bestand Hoffnung, dass mit meiner Hilfe auch Ihre Jungen den Zugang zu diesem frommen Kinderaufbewahrungsort finden würden. Ich fühlte mich geehrt und versprach, diese Aufgabe dankbar zu übernehmen. Für mich war es erst einmal ein wesentlich weiterer Weg als vor dem Umzug, was mir aber keinen Kummer machte, denn ich ging sehr gerne weiter in meinen geliebten Kindergarten. Nun kam der Tag, dass ich meine neuen Freunde mitnehmen durfte, die sich schon angekündigt hatten und ich war freudig bestrebt, diesen Auftrag zu erfüllen, aber nicht ohne dass ich vorher noch feierlich versprechen musste, ja gut auf sie aufzupassen, was ich ernsthaft gelobte.

Die Buben, gewohnt nur mit den Eltern kleine Spaziergänge zu unternehmen, sollten nun mit diesem neuen, immer noch fremden Jungen an einen ihnen ebenso fremden Ort marschieren. Wissend um den noch weit vor uns liegenden Weg, hatte ich mein gewohntes Tempo vorgelegt. Das war mein erster Fehler, denn meine Ermahnung, schneller zu gehen, ließ den letzten Rest von Lust an diesem Unternehmen bei ihnen schwinden. Sie blieben bockig stehen. Meine Bitten, mir weiter zu folgen, brachten sie zwar in Bewegung, aber in die falsche Richtung - nach Hause. Mich an meinen Auftrag erinnernd, fing ich sie wütend wieder ein, nicht ohne ihnen nach bewährter Kindergartenart jedem eine Ohrfeige zu verpassen, die ihre Wirkung, wie mir geläufig, nicht verfehlte. Sie liefen, laut schreiend zurück nach Hause. Dort angekommen, antworteten sie bitterlich weinend auf die Frage: WARUM? DER hat uns geschlagen! Da ich im Kindergarten schon nicht als einer der Bravsten galt, wurde dieser Tatbestand nun auch in meiner neuen Umgebung bestätigt und durch ein Umgangsverbot mit DEM erhärtet. Mich ließ das kalt, denn ich hatte ja meinen Kindergarten, und darin ging ich voll auf, und die Genugtuung, dass diese komischen Buben den Kindergarten nie von innen zu sehen bekamen, genoss ich sogar ein wenig. Das Verbot wirkte aber nur bedingt, denn dem etwas jüngeren der Brüder hatte ich so imponiert, dass er langsam listig meine Nähe suchte. Es war ein Leichtes, ihn mit den Spielen, die ich im Kindergarten gelernt hatte, erstaunen zu lassen, die er dann auch stolz seinem großen

Bruder, der fast so alt war wie ich, vorführte. Der schwankte dann aber noch eine Weile zwischen Neugier und Folgsamkeit.

Es dauerte aber nicht lange, da waren wir unzertrennliche Freunde. Nicht zu verhindern war allerdings, dass immer wieder Umgangsverbote ausgesprochen werden mussten. Das hielt auch noch an, als wir in die richtige Schule kamen und ich als streit erprobtes Kerlchen manche Blessuren ab bekam, mit denen ich mich aber belohnte, weil ich damit zu meiner geliebten Krankenschwester traben konnte, um mich verbinden zu lassen. Sie bedachte mich dann aber mit einem Spruch der mein wehleidiges GETUE schlagartig veränderte. Er lautete: „EIN GROSSER JUNGE WEINT DOCH NICHT". Das wurde für mich zur Maxime. Ich habe nie mehr geweint, obwohl es ständig brutale Gelegenheiten dazu gab. So erlebte ich zum ersten Mal die Kraft der LIEBE - es sollte nicht die letzte sein!

Es herrschte damals noch ein ausgefeiltes und anerkanntes Prügel-system mit etlichen Varianten, was nicht nur schmerzhaft, sondern auch verletzend war. Wir Jungen mussten, in demütig gebeugter Haltung unsere kleinen Hintern zum Zwecke besserer Erkenntnis mit gut gezielten Stockschlägen traktieren lassen. Was ich aber als noch schlimmer empfand als die Schmerzen war die Demütigung, die mich dann auch in eine solche Wut versetzte, die ein anschließendes Weinen gar nicht zuließ und den Lehrer um den Genuss der Demütigung brachte, mich aber in einen Rache-Zustand versetzte. Ich wurde bös-artig und bockig, und meine Gegenwehr war so einfach wie auch wirksam. Prügel war ich von zu Hause nicht gewohnt, wurde immer behandelt wie ein kleiner Prinz! Und als ich nach einer solchen Exekution das nächste Mal mit einer Frage aufgerufen wurde, blieb ich sitzen und gab auch keine Antwort. Darauf stand die große Prügel-strafe, aber um die bei mir anzubringen, musste er mich aus meiner

Bank zerren und nach vorne führen, und da ich das Bücken verweigerte, wurde ich über die vorderste Bank gebogen, um das erziehungsbedingte Procedere an mir zu vollstrecken, Ich hatte wohl damals schon ein Gefühl für ungerechte Behandlung, besonders wenn sie an mir ausgeführt wurde, was einen unbändigen Zorn in mir entfachte. Wieder zurück in meiner Bank, machte er den Fehler eines dritten Versuchs, mit dem gleichen Resultat. Kein Wimmern, keine Tränen, nur Zorn, Wut und Verachtung. Sie ließen mich immer härter werden.

Es blieb ihm nur die letzte Genugtuung, die aber auch ich, gleichwohl anders verspürte, nämlich ein Eintrag ins KLASSENBUCH, was einer ewigen Verdammung gleichkam, wo dann zu lesen ist, dass ich ein sehr schwer erziehbarer, bockiger Bursche sei - und wie sich nachträglich herausstellen sollte, war das Urteil völlig in Ordnung. Denn, dieses Procedere hat mich für mein ganzes Leben geprägt. Ich hatte die unterschwellige Bewunderung meiner Klasse, den Hass meines Lehrers, dem ich dafür das Privileg verdankte, für den Rest meiner Schulzeit von ihm nur mit Siery angesprochen zu werden, wenn überhaupt, nicht wie alle anderen mit dem Vornamen. Ich hatte meine Stärke gespürt und vor nichts und niemandem mehr Angst. Daher habe ich auch kein Risiko gescheut, was sich als ganz wichtig, aber auch nicht ganz ungefährlich herausstellen sollte.

Seitdem habe ich den Namen SIERY gehasst, aber nicht nur deshalb, sondern auch, weil wir von den Ransbacher Nachbarskindern als Sierup-Fresser (billiger Rübenkrautsaft) beschimpft wurden. Es wäre mir beinahe später gelungen, den verhassten Namen gegen den meiner französischen Vorfahren zu verändern, die als Hugenotten mit dem Namen SYRÈ nach Deutschland geflohen waren. Zu unser beider Glück blieb der SIERY erhalten und mutierte für mich zu einem unverdienten weltweiten Bekanntheitsgrad. Eine Genugtuung habe ich mir dann doch noch mit dem Namen; „ATELIER SYRÉ" für unsere kleine Werkstatt als Firmennamen genehmigt. Die meisten Kunden haben ihn dann auch benutzt und kannten den anderen gar nicht, weil er auch auf dem Briefkopf stand.

Eine Episode bestätigt die Beurteilung im Klassenbuch, wozu ich schon sehr früh im Stande war: mich für eine Handlung zu rächen, die mich der Lächerlichkeit preisgab. In den damaligen Volksschulen wurden in den ersten beiden Klassen zum Schreiben lernen noch sogenannte Schiefertafeln benutzt mit einem an einer Kordel befestigten feuchten Schwamm, der zum Löschen des Geschriebenen, daher der Ausdruck "Schwamm drüber," benutzt wurde, dann einen aus ähnlichem Material wie die Tafel bestehenden Stift, der Griffel genannt wurde, der aber sehr leicht zerbrach, weshalb wir meistens mit den Stummeln schrieben. Ab der dritten Klasse wurde es feierlich, statt mit der harmlosen Tafel und dem Griffel, mussten wir jetzt, wie sich herausstellen sollte, mit hinterhältigen Objekten hantieren, nämlich mit einem schönen sauberen Papierheft mit weißen, linierten Seiten, einem Holzfederhalter, auf den eine spitze Stahlfeder gesteckt wurde, und Tinte - alles Dinge, die mir für die nun noch folgenden Schuljahre verhasst bleiben sollten und nicht nur, weil sie für mich gleich einen schmutzigen und blutigen Anfang nahmen.

Der Anlass der angekündigten Episode war die Tinte, sie blieb mein ärgster Feind und die hinterhältigen Kleckse waren meine ständigen Begleiter in allen Heften. Die Tinte befand sich im oberen Bereich unseres Schreibpultes, in einem kleinen Keramikbehälter. Nun war es damals Usus, einen der arglosen Neulinge dieser Klasse zu überreden, einmal in den für uns neuen Tintenbehälter zu blasen. Es stellte sich heraus, die meisten meiner Klasse waren vorgewarnt, und bei keinem anderen hatte es geklappt, nur bei mir, da ich selten ein Risiko scheute. Der Versuch gelang, und entsprechend sah ich aus. Wut und Rachegelüste, die ich sofort bedenkenlos befriedigen musste, ergaben sich sofort. Vor mir lag in diesem Moment ein neues Objekt, dem ich eine weitere Verwendungsfähigkeit als die vorgesehene zutraute, der Federhalter mit der Stahlfeder. Neben mir auf dem Pult lag – ahnungslos - die Hand dessen, der mir diese Schmach angetan hatte und am lautesten lachte. Diese Lachen wurde aber dann von einem Schrei erstickt, als die Stahlfeder und meine Wut seine Hand ins Pult nagelte. Ich sauste blitzschnell aus der Klasse, hinunter an einen Wasserhahn, um mich zu säubern, was aber nicht sonderlich gut gelang, und um mich nicht noch nachträglich neuem Gelächter auszusetzen, bin ich nicht mehr in die Klasse zurück, sondern dahin getrabt, wo ich am liebsten hin ging, wenn es Probleme gab, in den nahe gelegenen Wald.

Die Episode hatte sich abgespielt in Abwesenheit des Lehrers. Offensichtlich hatte er es heruntergespielt, weil er ein ganz neues Schuljahr unbeaufsichtigt gelassen hatte, denn als ich am nächsten Tag wieder erschien, war das Pult gesäubert und außer der verbundenen Hand an meiner Seite, erinnerte nichts mehr an den Vorfall, aber mir bescherte er einen Vorzug, den ich ohne dieses Ereignis, so schnell nicht erreicht hätte. Ich genoss eine Zeit lang eine Mischung von ein wenig Respekt und behutsamerer Behandlung bei nicht zu vermeidenden Tätlichkeiten, denn ich ließ keine meiner Waffen ungenutzt, um mich zu wehren, weder Füße, Zähne oder Fingernägel, ähnlich einer Katze, erprobt im Kindergarten.

In der Klasse war ich einer der Kleinsten, die oft die Stärke der Größeren zu spüren bekamen. Das war so und wird auch wohl noch immer so sein. Einige Zeit später besuchte ich meine Paten-Tante, und dort saß zufällig ein Nachbars-Junge, einer unserer GROSSEN Mitschüler. Ich beschwerte mich bei meiner Tante über die ungerechte Behandlung, der wir KLEINEN schutzlos ausgeliefert waren, denn eine Beschwerde beim Lehrer nutzte nicht nur nichts, sondern die Rache der Getadelten war umso schlimmer. Meine Tante, deren Liebling ich war, wurde stinke wütend und ließ sich von dem Großen versprechen, in Zukunft auf mich aufzupassen, sonst bräuchte er Ihr Haus nicht mehr zu betreten. Ich traute dem Frieden nicht und beschloss, die Anweisung zu testen, was ziemlich einfach war. Ich provozierte keck einen anderen aus einem oberen Jahrgang, und als er mich ergreifen wollte, lief ich schnell zu meinem Beschützer und stellte mich hinter Ihn. Als der Provozierte ankam und schon glaubte, mich greifen zu können, wurde er abgefangen und darüber aufgeklärt, dass ich unter seinem Schutz stände, was der andere akzeptierte! Ich konnte es kaum glauben, aber es sprach sich herum, und ich wurde in Ruhe gelassen. Es funktionierte, somit hatte ich also damals schon das, was man heute einen Bodyguard nennt und zwar so lange, bis ich dann auch ein Großer war. Aber vor dem Lehrer konnte mich keiner schützen.

1933 – Heil Hitler

Meine Schulzeit begann 1933 pünktlich mit Adolf Hitler, der uns, wie weiland der liebe Gott, als ständiger Begleiter völlig vereinnahmte, der erste bis 1945, der andere etwas länger. Für uns Kinder war das eine faszinierende Zeit, denn auf einmal war alles ganz anders, vor allem aber bunter mit den vielen roten Fahnen, einem weißen runden Fleck und einem Kreuz mit Haken darin, die an besonderen Tagen aus dem Fenster gehängt werden mussten und zwar an jedem Haus. Und dann die braun uniformierten Männer, die wir ja vorher nur in den üblichen, für uns ganz normalen blauen Arbeitsanzügen kannten. Aber die Verwunderung wurde noch verstärkt, als einer unsere Lehrer nun auch noch in dieser Uniform zum Unterricht erschien und mit "HEIL HITLER" grüßte statt mit GUTEN MORGEN. Als dann noch Vereine gegründet wurden, die man als Jungvolk und Hitlerjugend bezeichnete, damit auch wir schon teilhaben sollten an dieser neuen Welt, da gab es die ersten Probleme.

Die Machtverhältnisse wurden damals in Baumbach einzig und alleine von der Kirche bestimmt, und stockkonservativ war man dazu auch noch. Die meisten Familien waren in irgendeiner Form, kleinere oder größere selbständige Unternehmer und für diese Art der Neuerungen kaum zu überzeugen. Für die Mitgliedschaft war fast nur die ärmere Schicht zu gewinnen, zumal diese braunen Veranstaltungen auch noch am heiligen Sonntag stattfanden und wenn überhaupt, dann mussten braune Führungskräfte aus der Nachbarschaft aushelfen. Aus unserer Gemeinde fand sich keiner, der diesen Part übernehmen wollte. Allein der Name dieses Vereins konnte nur Vorbehalte erzeugen: NATIONALSOZIALISTISCHE DEUTSCHE ARBEITERPARTEI (**NSDAP**). Da gab es nun die braun gekleideten, die nannten sich SA (Sturm-Abteilung), waren also dazu vorgesehen, die

Säle der kommunistischen Gegner zu STÜRMEN. Deshalb hatten sie auch an der Mütze einen Kinnriemen, den sie beim Stürmen unters Kinn zogen, was alleine schon Furcht erweckend aussah. Die Gegner dieser Partei waren die Kommunisten, sie nannten sich **KPD.**(**K**ommunistische **P**artei **D**eutschland), aber in unserem Dorf hielten sie sich tunlichst bedeckt, und als die Braunen immer stärker wurden, ganz verschwanden. Dann gab es noch in schwarz gekleidete Uniformierte, die nannten sich **SS** (**S**chutz-**S**taffel), die sich als erprobte Schlägertrupps für den Schutz der Parteioberen bestens eigneten und es später dann als Elite-Einheiten zu traurigem Ruhm als KZ-Bewacher brachten.

Diejenigen, die sich mit diesen Vereinen identifizierten, waren zu bemitleiden, denn wollten sie nicht Ihr Seelenheil aufs Spiel setzen, mussten sie sonntags in der Kirche erscheinen. Entschieden sie sich aber dennoch für diese NSDAP, hatten sie garantiert Probleme mit Ihren Frauen, denn diese hatten dann die Lästerungen der Nachbarn zu ertragen, und diese haben in einer solchen Hegemonie-Gemeinschaft eine besondere Qualität. In den Nachbardörfern liefen die Jungen fast alle in diesen Uniformen, nur wir liefen bis zum Kriegsende in unserer schäbigen, abgetragenen und unbequemen Kleidung herum, denn bei uns gab es nur ganz am Anfang das Jung-volk, das waren die 10- bis 14 jährigen und die Hitlerjugend ab 14 Jahre. Aber die hielten sich nicht lange bei uns, dafür sorgten schon unsere Eltern. Aber sonntags, da waren wir auch in Uniform, nämlich in einem Matrosenanzug, wo vorne auf der Mütze auf einem Band (das hinten herunter hing) der Name eines Kriegsschiffes stand. Diese Uniform bekam jeder katholische Junge zur ersten heiligen Kommunion. Diese Anzug-Sitte stammte noch aus dem Kaiserreich, als Deutschland bestrebt war, wie die Engländer eine Seemacht zu werden, was uns ja fast geglückt wäre, hätte dieser unglückselige Kaiser nicht diesen fürchterlichen Ersten Weltkrieg begonnen, und ihn dann auch noch verloren. Was uns Deutschen dann teuer zu stehen kam, denn damit kam Deutschland das Kaiserreich abhanden und es fand sich in einer Republik, die in Weimar zusammengebastelt wurde und dann auch diesen Namen erhielt. Insgesamt schaffte es die neue Republik in 14 Jahren (1919 bis 1933) auf 12 Kanzler. Dieses Desaster nutzte Adolf Hitler, der inzwischen eine immer stärker werdende schlagkräftige Partei gegründet hatte und mit Hilfe Görings schon im Reichstag eifrig mitmischte - und das mit durchschlagendem Erfolg.

1934 – Nach sieben Jahren eine Schwester

Die erste tief greifende Veränderung in meinem jungen Leben war die Ankunft meiner ersten Schwester, die angeblich ein Klapperstorch gebracht haben sollte, den ich aber verpasst hatte, denn man hatte mich vorher zu Verwandten gebracht, damit ich die wirkliche Ankunft nicht mitbekommen sollte. Bisher war ich Jahre lang das einzige und dadurch auch verhätschelte Kind gewesen. Das war nun endgültig vorbei, denn alle Aufmerksamkeit und Zuneigung ging glatt an mir vorbei in Richtung auf diesen Neuankömmling, der auch noch ein Mädchen war, und die kannte ich nur zu gut aus dem Kindergarten und deren Kratzspuren oft genug mein Gesicht entstellt hatten. Die Folge war, aus einem guten und braven Schüler wurde nun ein aufsässiger und fauler Knabe. Das hat sich allerdings geändert, als man mir mit SITZENBLEIBEN drohte, was ja nicht mehr und weniger bedeutete, als schmachvoll aus der eigenen Klasse in die untere geschoben zu werden, aber so tief wollte ich nun doch nicht sinken. Jedoch zu einem Musterschüler taugte ich nach meinem Benehmen schon lange nicht mehr. Also schaffte ich es in meinen letzten drei Schuljahren wieder bis zur goldenen Mitte, einer „3", die damals BEFRIEDIGEND hieß, mit der Ausnahme der Note für Benehmen. Sie lautete -5-, MANGELHAFT: Dieses Niveau zu halten gelang mir bis zum Abgangszeugnis, um damit dann in den sogenannten Ernst des Lebens zu ziehen.

Mit dem eigenen Haus hatten sich meine Eltern stark verschuldet und daher mussten beide in verschiedenen Keramik Fabriken arbeiten um die Schulden abzutragen, was für mich bedeutete: Tagsüber nach der Schule, oblag mir die Obhut meiner Schwester als eine feste Aufgabe, was damals durchaus üblich war. Es sollte aber noch schlimmer kommen, denn nach zwei Jahren kam pünktlich die zweite

Schwester, was bedeutete, die Zeit meiner festen Obliegenheit hatte sich damit um zwei Jahre verlängert. Denn somit war ich verantwortlich verpflichtet, als Aufpasser das Haus nicht zu verlassen. Wenn ich dann mal raus durfte, habe ich diese Freiheit auch doppelt genossen. Dieses Bedürfnis nach Freiheit habe ich nie ganz verloren, in welchen Situationen oder Positionen auch immer ich war. Aber auch das Gefühl, Verantwortung zu übernehmen, hat mich nie mehr ganz verlassen.

1942 – Stolz, ein Fachschüler zu sein

Nach Beendigung der Schulzeit wurde ich, ohne nach etwaigen Berufswünschen gefragt zu werden, in die Keramik-Fabrik meines Onkels Eduard Bay als Volontär gesteckt, etwas anderes kannte man ja damals nicht. Aber hier gefiel es mir allerdings viel besser als in dieser mir so verhassten Schule. Mit dieser Volontär- Auszeichnung war mir auch die Aufnahme in die Staatlich-Keramische-Fachschule in Höhr-Grenzhausen möglich. Damit begann für mich so unendlich viel neues, angenehmes und auch schönes, ein ganz anderes Leben. Es war einfach alles toll. Das fing schon an mit besserer Kleidung an Werktagen, was ja damals nur ein Privileg für sogenannte Höher Stehende war, wie Pfarrer, Lehrer und Arzt. Dann bekam ich eine Monatskarte für die Fahrt mit der Eisenbahn, die ich sonst als Höhepunkt nur einmal im Jahr erleben durfte, nämlich vor Weihnachten zum Einkaufen nach Koblenz, und nun jeden Werktag hin und zurück, was immer wieder ein besonderes Erlebnis war und auch blieb. Und diese wunderschöne Schule mit den verschiedensten Ausbildungsräumen. Ganz besonders freute mich der weiße Kittel, den wir alle tragen mussten. Dazu kam noch der Status eines Fachschülers, der auch nicht unbedeutend war, denn damit gehörte man in unserer Gegend schon zu den Privilegierten. Ich bin fast sicher, keiner meiner Mitschüler hat das so wie ich genossen. Das Glück, dieses alles erleben zu dürfen, konnte ich kaum fassen und habe es immer während meiner Zeit dort dankbar empfunden. Das war nun in den Kriegsjahren 1943 – 1945, bis dann die Schule gegen Ende des Krieges 1945 geschlossen wurde.

Gegen Ende 1944 mussten wir vier Wochen lang mit anderen meines Jahrgangs eine vor militärische Ausbildung absolvieren. Das war eine interessante Zeit für uns junge Menschen. Wir bekamen grauen Uniformen ähnliche Anzüge und das, was da vermittelt wurde, war für mich alles neu, und ich machte begeistert mit. Als erstes wurde, ohne Anleitung, geprüft, wie wir mit einem Gewehr umgehen konnten, denn danach wurden wir in der Marschordnung eingeteilt. Dazu kam natürlich auch die Größenordnung. Damit und mit meiner miserablen Schießleistung fand ich mich ganz am Ende der Gruppe wieder, wohin ich als Kleinster ja auch am besten passte. Von diesem Frust beflügelt, wollte ich aber nun alles können, was ein guter Soldat, denn das wollten wir ja (fast) alle werden, können muss.

Was mich aber am meisten begeisterte, war, das Sich zurecht finden mittels Kompass und Karte in unbekanntem Gelände. Dinge, die Spaß machen, gelingen am besten und schnellsten. Mit dieser neuen Kenntnis wurde ich zum Spähtruppführer ernannt, bekam eine Gruppe von zehn Leuten, einen unbekannten Ort genannt, den wir mitten durch den Wald suchen mussten, um vom Bürgermeister einen Zettel abstempeln zu lassen, dass wir auch dort waren. Der Einzige, der sich für dieses Vorhaben begeistern konnte, war ich. Als ich merkte, die Sache würde an der Lustlosigkeit meiner Leute scheitern, schlug ich vor: Diejenigen, die nicht mehr mithalten konnten oder wollten, sollten an dieser Stelle, wo wir gerade waren, bleiben, bis wir zurück kämen. Es dauerte nicht lange und ich trabte mit mittlerem Tempo alleine, fand das Dorf mit der Karte und dem Kompass problemlos, ließ abstempeln und sammelte auf dem Rückweg meine Leute wieder ein, aber nicht ohne triumphierend den abgestempelten Zettel zu schwingen. Als erste zurückgekehrt, kamen wir in den Genuss, auf die anderen Gruppen warten zu können. Als die Letzten angekommen waren, wurden die ersten drei Gruppen ausgezeichnet, und wir waren die Ersten. Nichts ist so erfolgreich wie der ERFOLG. Ich lernte auch noch das Schießen, zwar nicht als der Beste, schoss aber auch keine Fahrkarten mehr. Eine Fahrkarte war, wenn man nicht einmal die Zielscheibe traf, was mir bei meiner ersten Übung gleich dreimal gelang, denn ich hatte keine Ahnung von Kimme und Korn.

Danach, wir waren kaum zu Hause, wurde die Hitlerjugend zur Verteidigung des Vaterlandes ins Saarland beordert, um den sogenannten Westwall, der noch zu Friedenszeiten zum Schutz gegen Frankreich erbaut worden war, zu ergänzen. Wir mussten tiefe Gräben als Panzersperren ausbuddeln. Aber ich war frustriert und wütend, weil die anderen meines Jahrgangs schon als richtige Soldaten das Vaterland verteidigen durften.Welch ein gütiges Schicksal,wie sich im Nachhinein herausstellte. erbrachte bei der Einstellungs-Untersuchung weder die erforderliche Größe noch das Gewicht, so dass ich um ein Jahr zurückgestellt wurde. Aus Frust meldete ich mich dann freiwillig zur KRIEGSMARINE, speziell zu den U-Booten, was sich dann auch noch als ein besonderer Vorteil erwies. Denn in dem Wehr-ertüchtigungs-Lager. wurden wir von der SS angeworben, (wie auch weiland Günther Grass), aber da konnte ich stolz meine Anmeldung bei der Marine vorlegen. Aber vor dem Seemanns-Grab in einem U-Boot schützte mich die Einstellungs-Zurückstellung und die war bindend. So befand ich mich, noch als Hitler-Junge, beim schäbigen Graben, was mir wahrscheinlich das Leben gerettet hat, denn viele aus meiner Klasse kamen nicht mehr zurück. Bei alledem wurde mir etwas bewusst, was auch im späteren Leben immer seine Bestätigung fand, nämlich der Satz: „ALLES IST FÜR ETWAS GUT.

1945 – Nun wurde es ernst

Ich wurde drei Monate vor Kriegsende dann doch noch zum Militärdienst eingezogen, um in einem Schnellkurs noch für den Fronteinsatz fähig gemacht zu werden. Untergebracht wurden wir im Wald in einem ehemaligen Arbeitsdienst-Barackenlager, wegen der feindlichen Flugzeuge. Ich bekam dann Diphtherie, die damals meist tödlich endete. Ich war schon im Koma, als ein cleverer Sanitäter ein ganz neues Antibiotikum namens Pontrosin besorgte, was aber noch nicht erprobt war, das aber so viel Nebenwirkungen hatte, dass es nach dem Krieg schnell wieder aus dem Verkehr gezogen wurde. Später hat man bei mir einen kleinen Herzklappenfehler diagnostiziert. Mich hat es jedenfalls gerettet. Als ich aus dem Koma erwachte, fand ich mich auf dem Mainzer Hauptbahnhof wieder und wurde freudig begrüßt von dem Sanitäter und den Kameraden. Das Barackenlager musste geräumt werden, weil die Amis immer näher rückten. Unsere Graberei hatte also nichts genutzt.

Mit dem Gepäck, aber nicht mit meinem, und mit dem Sanitäter, der mich ständig rührend betreute, war ich auf einen LKW geladen und hierher gebracht worden, wie man mir später erzählte. Von Mainz wurden wir in ein nordöstlicher gelegenes Lager gebracht. Mich brachte man gleich in ein Krankenrevier mit noch einigen anderen, die aber nicht so krank waren wie ich, denn ich hatte noch wochenlang hohes Fieber, das nicht weichen wollte. Nach und nach wurden alle aus dem Revier entlassen, nur ich musste noch bleiben - was mir gar nicht gefiel. Nachdem ich das Thermometer einige Tage unter 37 Grad geschüttelt hatte, durfte ich auch raus und das just zu dem Zeitpunkt, als die Amerikaner uns wieder auf die Pelle rückten.

Also ging es wieder weiter gen Osten, nur diesmal ohne eine Fahrgelegenheit, das hieß marschieren. Vorher mussten wir noch mit allem

Gepäck Aufstellung nehmen, um festzustellen, ob noch alle vorhanden, also keiner heimlich den Heimweg angetreten hatte. Bei der Zählung stellte man nicht nur fest, dass noch alle vorhanden waren, sondern, dass ich als einziger kein Gepäck hatte. Das war in der Baracke im Krankenrevier geblieben. Daraufhin ließ ein Offizier mich zu sich kommen und zeigte auf zwei Objekte, die mit Lederriemen so zusammen gebunden waren, dass man sie auf die beiden Schultern hängen und tragen konnte. Es war ein Radioempfänger und ein Lautsprecher, die er irgendwo aus leer stehenden Häusern gestohlen hatte. Beides wurde mir auf meine schwachen Schultern geladen, der Empfänger, der sehr schwer war, auf den Rücken. Da ich vorher bei meinen Kameraden damit geprahlt hatte, ganz ohne Gepäck marschieren zu können, wurde ich bei meinen Erscheinen als Gepäckesel schadenfroh ausgelacht. Damit stand für mich fest, dass ich mit diesen verhassten Klamotten keine drei Tage laufen würde.

Eine Gelegenheit dazu kam schneller als erwartet. Für die erste Rast wurde ein Waldgrundstück gewählt, wo ich, von allen unbemerkt, nicht nur das Gepäck, sondern auch den eigenen Haufen ab lud und beides seinem Schicksal überließ. Über die Folgen machte ich mir keine Sorgen, denn ich hatte inzwischen ein ganz anderes Problem. Meine Füße, die mit Wollsocken in den harten Stiefeln steckten, brannten wie Feuer. Durch meine wochenlange Krankheit waren sie den harten Stiefeln so entwöhnt, dass sie diese quälende Prozedur nicht schadlos überstanden. Eine Vorhut mit gestohlenen Fahrrädern war voraus geschickt worden, um Quartiere für die Nacht ausfindig zu machen. Sie hatten zwei Scheunen gefunden, wo wir uns luxuriös untergebracht fühlten. Böses ahnend, ging ich zuerst zu meinem geliebten Sanitäter, der mich wohl nicht nur gerettet, sondern auch noch wochenlang weiter betreut hatte. Ich zog Stiefel und Strümpfe aus, und als er glaubte, nicht richtig gesehen zu haben, was er da erblickte, veranlasste Ihn das zu dem Ausruf: „So äbbs ho i mei Lebbdach no net gsäje" im schwäbischen Dialekt, „So etwas habe ich in meinen Leben noch nicht gesehen". Er zählte zwölf Blasen an meinen Füßen, einige waren schon aufgegangen und bluteten. er versorgte alles, so gut es möglich war, aber dann machte er mir ein Geschenk, was in dieser Zeit und meiner Situation nicht größer hätte sein können.

Er teilte mich ein zu der Vorhut mit den Fahrrädern, ein Vorzug, der nicht hoch genug zu schätzen war. Wir klapperten also die vor uns liegenden, meist leeren Dörfer ab, erst einmal um Essbares aufzutreiben und zum Schluss Unterkünfte für das nachkommende Fußvolk. Ich hatte mich von der ersten Tour an darauf spezialisiert, die Hühnerställe zu inspizieren und fand fast immer Eier, egal ob jüngeren oder älteren Datums, bohrte oben und unten ein Loch hinein und lutschte sie genüsslich aus. Soweit ich ihrer habhaft werden konnte, fing ich auch noch die Hühner, die sehr begehrt waren für die abendliche Suppe. So ging es munter weiter nach Osten. In Bleckede ging es noch über die Elbe und weiter in Richtung Schwerin. Es war Anfang Mai, als wir uns schon wohlig in einer Scheune in Heu und Stroh gekuschelt hatten, als uns eine schrille Trillerpfeife erschreckte und jemand schrie: „DIE RUSSEN KOMMEN!" Draußen wurden eilig Marschkolonnen aufgestellt, und wir marschierten in die gleiche Richtung, aus der wir gerade gekommen waren zurück, also nach Westen, genau auf die Amerikaner zu. Vor denen waren wir wochenlang nach Osten marschiert.

1945 – Alles ist für etwas gut

Unsere Armee hat sich dann kampflos den Amerikanern ergeben, damit waren wir keine Gefangenen, sondern Internierte. Als Dank für die kampflose Übergabe erteilten die Amerikaner unseren Offizieren weiter die Befehlsgewalt über unsere Armee, und so blieb es während der ganzen Zeit. Wir behielten unsere Formationen weiter bei, wie gehabt, also Kompanie, Bataillon, Regiment, Division, Armee, bis zu unserer Entlassung.

.Nachdem wir unsere Waffen abgeliefert hatten und uns unsere Armbanduhren abgenommen worden waren, auf welche die Amerikaner ganz scharf waren, denn sie hatten sie sich bis zum Ellbogen an ihre Arme geschnallt. Aber da mir die Götter offensichtlich gut gesinnt waren, wurde der Spruch wieder bestätigt, der schon zu meiner Maxime geworden war, der da lautet: „ALLES IST FÜR ETWAS GUT". Klingt alles andere als überzeugend, hat sich aber immer wieder bestätigt: Denn, wenn irgendetwas schief gelaufen ist, wird ein Weg frei für etwas, was sonst gar nicht in Erwägung gezogen worden wäre.

Nun muss ich aber noch einen Rückgriff machen. Mit neun Jahren, also im dritten Schuljahr, fand man uns reif für die erste HEILIGE KOMMUNION, für uns das erste große Fest unseres Lebens. Wir wurden vorher lange geistig darauf vorbereitet und mussten auch unsere erste Beichte absolvieren - über dieses Procedere erzähle ich später noch etwas Passendes. Dazu gehörte dann auch eine entsprechende Kommunion-Kleidung. Für uns Jungen war das der obligatorische Matrosenanzug und eine ARMBANDUHR! Die Taufe hatte uns zwei Paten beschert, einen Paten und eine Patin und eine(r) war zuständig für die Armbanduhr. Da sich meine Paten nicht einig geworden waren, wer diese lästige Verpflichtung übernehmen sollte, hatte sich jeder auf den anderen verlassen, mit dem Resultat, dass ich das einzige Kommunionkind ohne Armbanduhr war. Dieser Status blieb erhalten und erst unwesentlich verbessert, als ich mir mit listigen Tauschgeschäften zu einer Taschenuhr verholfen hatte.

Und nun wieder zu meinem Spruch, dass alles für etwas gut ist. Ich fand mich plötzlich mit meiner ungeliebten Taschenuhr in einem unschätzbaren Sonderstatus. Nachdem alle anderen ehemaligen Armbanduhrträger mit nackten Handgelenken auf unabsehbare Zeit, weiter leben mussten, wurde ich zu einem hoch geschätzten und beliebten Kameraden als „Herr der Zeit" hochstilisiert, was mir zu einer Menge unverdienter Vergünstigungen verhalf. Die erste wurde unverzüglich zwingend notwendig. Ich hatte zwar als einziger eine Uhr, aber auch als einziger keine Dreieckzeltplane, die man ja haben musste, um in einem Vierer-Zelt Unterschlupf zu finden. Die Plane war ja in der Baracke geblieben. Das Problem wurde ohne mein Zutun gelöst, und ich fand mich mit drei mir noch Unbekannten in einem Zelt und fühlte mich gar nicht wohl. Vorsichtshalber steckte ich meine Uhr tief in einen Stiefelschaft, schlief aber trotzdem schlecht, denn ich fühlte mich in dieser Umgebung recht ungemütlich.

Am nächsten Morgen mussten wir reihenweise Aufstellung nehmen, dann kamen Amerikaner und zählten, wie viele wir waren. Ein Wagen kam und Blechkisten wurden abgeladen .Wir hatten schon zwei Tage nichts gegessen, und da keimte dann Hoffnung auf, da wäre doch sicherlich etwas für uns dabei. Die Kisten wurden in die Zelte unserer Offiziere gebracht und wir wurden aufgefordert, der Reihe nach vor die Zeltöffnung zu treten, immer drei zusammen, und empfingen jeder fünf Kekse. Die Drei durften sich dann eine kleine Büchse Cornedbeef teilen. Dass sollte für die nächsten Wochen unsere tägliche Mahlzeit werden. Mit den Keksen gab es erst einmal kein Problem, aber bald schauten wir dumm drein, denn wir bekamen nur Keksbruch. Das bedeutete, die Verteilung war unkontrollierbar, in der Menge immer für drei Mann ein Häufchen. Und da wir den ganzen Tag Zeit hatten und nur mit unserem Hunger beschäftigt waren, versuchten wir die Bruchstücke wieder zu einem kompletten Kekse zu vereinigen - und siehe da, für jeden kamen keine fünf ganze zusammen, wir wurden also geschickt von unseren Offizieren betrogen. Aber da wir ja als 17jährige bis dahin gelernt hatten, zu gehorchen, wagte niemand, sich zu beschweren. Die Offiziere hatten immer noch die absolute Befehlsgewalt, und Ungehorsam war immer noch eine mittlere Straftat. Also blieb es bei dieser Art der Verteilung noch etwa vier Wochen.

Dann mussten wir unsere Zelte abbrechen und einige Kilometer marschieren bis zu einem Bahnhof, wo ein langer Zug mit Güterwagen bereit stand, in den wir, wie immer, in ordentlicher Reihenfolge einsteigen mussten. Es dauerte sehr lange, bis der Zug los fuhr. Da unsere Offiziere einen Extra-Waggon hatten, konnten wir niemanden fragen, wohin es denn jetzt gehen sollte. Nun kam doch langsam die Angst der Ungewissheit auf, denn jetzt wurde es ernst: Was konnte denn jetzt noch alles kommen?. Die Amis hatten am 8. Mai 1945 Ihren Sieg mit einem tollen Feuerwerk gefeiert, was wir ja nur aus der Ferne mit gemischten Gefühlen beobachten konnten. Aber sonst bekamen wir keinen zu sehen, Aber wem würden sie uns jetzt ausliefern? Durch eine Luke im Waggon einigten wir uns nach einigen Diskussionen auf die Richtung Nordwest, also nicht zu den Russen. Als der Zug hielt und wir aussteigen durften, sahen wir als erstes Wasser, das Meer. Wir wurden wieder in Marsch gesetzt und nun ging es immer nach Norden, aber niemand sagte uns, wohin es denn gehen sollte.

Nach etlichen Kilometern, es begann schon dunkel zu werden, hieß es Halt auf einer freien Fläche. Wir hofften, nun gäbe es etwas zum Kauen, doch statt dessen wurden wir angehalten, die bekannten Zelte wieder aufzurichten und uns darin für die Nacht zu verkriechen. Am nächsten Morgen zogen wir weiter nach Norden, bis wir wieder Wasser sahen, was sich rechts neben unserer Marschroute befand, die Ostsee .Links sah man große Gutshöfe weit auseinander liegen, und nun wurden wir auf verschiedene Höfe verteilt. Wie bekamen wieder eine bestimmte Fläche zugeteilt und konnten schön ordentlich in Reihen unsere Zelte aufbauen. Aber vorher gab es, oh Wunder, eine prächtige Suppe aus der Gutsküche, eine Köstlichkeit nach der wochenlangen kargen Trockenfütterung, sogar einen Nachschlag (Schöpflöffel) konnte man noch bekommen. Wir waren selig, aber es sollte eine unruhige Nacht werden, denn unsere Verdauungsorgane protestierten auf das Heftigste, und das Jammern um einen Platz auf der Latrine hielt die ganze Nacht an.

Am anderen Morgen mussten wir erneut Aufstellung nehmen und wir dachten schon, jetzt kommt wieder eine so elend lange Zählung, denn wir standen in einer Reihe schön zum Abzählen bereit. Es kam einer unserer Offiziere, klärte uns auf, wo wir uns hier befänden, nämlich in Schleswig-Holstein, und dass die Amerikaner uns den Engländern übergeben hätten. Was die nun mit uns vor hätten, wüsste er aber auch noch nicht. Und er sagte noch, es käme jetzt unser Bataillons-Kommandeur, der suche eine Ordonnanz für sich. Der kam auch, schritt unsere Reihe ab, blieb vor mir stehen, zeigte auf mich und sagte, ich solle gleich mitkommen. Ich lief schnell in unser Zelt, holte meine Taschenuhr, die ich im Sand vergraben hatte. Er nahm mich mit ins Gutshaus, wo die Offiziere untergebracht waren, zeigte mir im Hof ein einzelnes Zelt, das ich alleine beziehen konnte.

Als ich es in Augenschein nahm, traute ich meinen Augen nicht. Das Zelt war voller Kartons mit Büchern, die er wohl alle unterwegs auf dem Rückmarsch gestohlen hatte, so wie ich die Hühnereier und einer unserer Offiziere das Radio, was ich schleppen sollte und in den Wald gesch(m)issen hatte. Ich konnte mein Glück kaum fassen, allein ein Zelt und mit so vielen Büchern. Bei uns zu Hause gab es nur eine Bibel, eine schön illustrierte Heiligen-Legende, die ich rauf und runter studierte und nachts davon träumte, und noch einen Western-Roman von meinem Onkel Ben, mit dem Titel: „Texas soll verdammt sein" - was ich nie so richtig verstanden habe. Natürlich gab es in der Schule noch die sogenannten Lesebücher als Pflichtlektüre, die aber durch den unterschwelligen Erziehungsversuch der Lust am Lesen mehr schadeten als nützten. Doch das änderte sich gründlich, als ich rettungslos in die Welt von Karl May eintauchte. Ein Mitschüler in meiner Klasse, dessen Vater einmal sehr wohlhabend war, hatte seinem Sohn sämtliche Bände hinterlassen. So zogen wir also „Durch die Wüste" mit Cara Ben Nemsi und weinten mit Winnetou. Als ich mich später literarisch etwas weiter entwickelt hatte und in Kreise kam, in denen mein geliebter Karl May nur abschätzig behandelt wurde, tat mir das immer Leid. Umso mehr freut es mich, dass man jetzt langsam wieder erkennt, was der Mann für ein genialer Reise-Erzähler war, mit Berichten aus Ländern, die er nie gesehen hatte. Und nun saß ich, umgeben von hunderten von Büchern in meinem Zelt als die Ordonnanz unseres Bataillons-Kommandeurs, der sich keinen Deut um mich kümmerte, mich also gar nicht brauchte. Ich hegte den Verdacht, dass es ihm nur um die Bücher ging, auf die ich aufzupassen hatte.

Ein weiteres Privileg, ich bekam mein Essen auch aus der Gutsküche mit dem Gutspersonal. Als ich in den Büchern stöberte, fiel mir ein Buch in die Hände mit dem Titel: DIE HENKER VON PARIS, die

Familien-Geschichte von einer Pariser Henker-Dynastie, eine grausliche Historie. Es war das erste und auch letzte Buch, das mir vergönnt war hier zu lesen, denn das Privileg des Essens aus der Gutsküche war wohl den Göttern zu viel des Glückes, das mir zuteil geworden war. Ein Glas kalte Buttermilch katapultierte mich stracks in die Krankenstube, die sich in der Mühle befand. Man diagnostizierte eine starke Ruhr und platzierte mich in die Nähe der Toilette, wo ich Wochen verbrachte und dann nur noch 45 Kilo wog. Als die Mühle geräumt werden musste, quartierte man mich in einen anderen Gutshof um, und ich erholte mich allmählich., Die Engländer begannen nun, uns langsam in unsere Heimat zu entlassen.

1945 – Entlassung und Heimkehr

Inzwischen hatten aber die siegreichen Alliierten damit begonnen, Deutschland in vier Zonen einzuteilen. Die Russen bekamen den östlichen Teil, den westlichen teilten sich die Engländer, die Franzosen und die Amerikaner. Zuerst wurden die in der englischen Zone Beheimateten entlassen, ganz zuerst die Hamburger. Dann die aus der amerikanischen Zone und zuletzt die aus der französischen, aus der ich kam. Das zog sich also hin, denn die Engländer prüften jeden einzelnen der Soldaten ganz genau, vor allem machten sie Jagd auf SS-Angehörige. Die hatten das Pech, dass man ihnen ihre Blutgruppe unter den Oberarm tätowiert hatte, damit man ihnen, bei einer etwaigen Verwundung, schneller und besser helfen konnte, denn sie waren ja Elitesoldaten und sollten für den Führer möglichst schnell wieder hergestellt werden. So können Privilegien auch zum Verhängnis werden, so wie bei mir der Umzug auf den Gutshof. Viele mit den verräterischen Zahlen geschmückte SS-Leute versuchten nun die Kennzeichnung operativ zu entfernen, was natürlich eine Narbe hinterließ. Das machte sie doppelt verdächtig und keiner bekam einen Entlassungsschein und alle wurden einer besonderen Gruppe zugeteilt.

Als es soweit war, dass wir aus der französischen Zone mit unserer Heimkunft rechnen konnten, stoppten die Engländer die Entlassungen in diese Zone mit der Begründung, die Franzosen nähmen die Entlassenen in Empfang, um sie gleich weiter zu leiten nach Frankreich, um IHR LAND WIEDER AUFZUBAUEN, WAS WIR ZERSTÖRT HATTEN. Das passte den Engländern nun gar nicht, denn die Franzosen spielten sich als Sieger auf, obwohl sie doch eigentlich nur die Verlierer waren und holten aus ihrer Zone heraus, was sich bewegen ließ. Unser Bahnhof war noch jahrelang eine riesige Verladestation, ganze Wälder wurden abgeholzt und gingen via Frankreich. Nach wochenlangem Warten hatte ich eine Idee. Ich hatte mich arglos für die französische Zone gemeldet, ohne die Grenzen genau zu kennen, also marschierte ich zur Entlassungsstelle und ließ mir die Zonengrenzen zeigen und stellte fest, die östlichste Grenze meiner Zone, wie wir sie nannten, war Limburg, und Limburg war amerikanische Zone. Nun schienen die Götter mir wieder gnädig zu sein, denn sie hatten mich ja schon hart genug bestraft; aber in ihrer weisen Voraussicht hatten sie mich mit einem Mitgefangenen bekannt gemacht, der in Limburg bei seinen Eltern in einer Bäckerei wohnte. Wir verstanden uns sehr gut, und er gab mir seine Adresse mit der Bitte, ich könne Ihn doch einmal besuchen, das wäre ja gar nicht so weit von meiner Heimat, er würde sich sehr freuen. Diese Bitte sollte mir etwas später noch einmal sehr zum Segen gereichen, aber erst einmal hatte ich jetzt eine lupenreine Adresse für die amerikanische Zone, nämlich eine Bäckerei in Limburg mit Name, Straße und Hausnummer.

Es dauerte auch nicht lange und ich konnte mich zur Entlassung melden. Mir wurden Papiere ausgehändigt, die ich auf dem Weg nach Hause immer vorweisen musste. Dann war weiteres Warten in einem besonderen Lager angesagt, weil extra Züge für den Transport zusammengestellt wurden. Es waren keine Personenzüge, sondern sogenannte Viehwaggons für ca. 50-60 Menschen. Als Toilette diente eine Blechkiste, also der übliche Komfort. Der Zug fuhr in Richtung Süden und hielt gegen Abend in Marburg, da war Limburg nicht mehr weit, aber der Zug fuhr nicht mehr weiter, sondern wir mussten alle aussteigen und wieder brav Aufstellung nehmen. Jetzt waren wir wieder bei den Amis und von unseren Offizieren war keiner mehr zu sehen, die hatte man schon aussortiert. Von nun an sahen wir nur noch die Amerikaner und auch zum ersten Mal einen farbigen Soldaten. Es wurde wieder abgezählt und offensichtlich war der gesamte Transport noch vorhanden. Dann wurden nochmal ca. 30 Männer aussortiert, ich war mal wieder dabei. Wir wurden an einen Planwagen geführt und mussten einsteigen. Ein farbiger Amerikaner fuhr in einem Affenzahn los, wir flogen nur so hin und her. Die Angst vor dem, was man nun mit uns anstellen würde, überdeckte die Angst vor den Fahrkünsten des Farbigen.

Endlich blieb der Wagen stehen. Die Klappe wurde herunter gelassen, das Verdeck angehoben, und wir konnten aussteigen. Der Fahrer stieg wieder ein und fuhr davon, und wir standen verängstigt herum. Da es inzwischen dunkel geworden war, konnten wir außer vielen Lichtern nichts erkennen. Dann kam ein JEEP mit zwei Soldaten, hielt, wendete und zeigte uns an, wir sollten Ihm folgen. Wir trabten hinterher und standen plötzlich in einem riesigen hell erleuchteten amerikanischen CAMP und schauten nur verdattert umher. Dann kam ein Soldat zu uns und als er unsere verängstigten Gesichter sah, sagte er in perfektem Deutsch, wir bräuchten keine Angst zu haben, wir würden auch noch entlassen, aber erst acht Tage später, sie bräuchten aber noch dringend Leute, die beim Aufbau weiterer Zelte helfen müssten. Morgen würde man uns dann zeigen, wobei wir helfen sollten. Dann bekamen wir eine Notration, die für Soldaten an der Front bestimmt war, die wir mit großem Genuss verzehrten und danach wurde uns ein Schlafplatz zugeteilt.

Am nächsten Morgen bestand unsere Arbeit im Heran schleppen von irgendwelchem Material für den Aufbau von Zelten, wieder unter Aufsicht eines farbigen Soldaten. Als er merkte, wie schwer uns jungen, ausgemergelten und verhungerten Kerlchen die Arbeit war, gab er uns ein Zeichen, ihm zu folgen und brachte uns an das Küchenzelt. Dort stand als erstes ein großer Topf mit dampfenden Kartoffeln,

von denen wir monatelang nur geträumt hatten und füllten hastig randvoll unsere Kochgeschirre damit, drehten um und wollten gleich raus, um mit dem Festessen zu beginnen. Der Soldat schaute verblüfft auf unser emsiges Verhalten, stoppte den für Ihn irritierenden Verlauf und zeigte auf die weiteren vorhandenen Töpfe und marschierte voraus an den Töpfen entlang. Wir folgten ihm und trauten unseren Augen nicht. Die sechs Kriegsjahre und für uns die anschließende Gefangenschaft hatte uns zu einer solchen Bescheidenheit, die schon an Bedürfnislosigkeit grenzte, erzogen. Wir hatten fast vergessen, dass Essen nicht nur aus dem Bedürfnis des Hungerstillens bestand, auch in Anbetracht dessen, in welchen Zustand dieser Krieg, zu dem wir einmal buchstäblich erzogen worden waren, uns gebracht hatte. Das Ausmaß der Zerstörung war so überwältigend groß, das kaum jemand glauben konnte, diese ernüchternd gnadenlos wirkenden Trümmerhaufen-Landschaften könnten jemals noch einmal bewohnbar werden, jedenfalls was die Städte betraf. In diesem geistig und moralisch desolaten Zustand standen wir nun vor diesen, für uns auf unbestimmte Zeit unerreichbaren Köstlichkeiten und schauten ängstlich fragend zu unserem zugeteilten Soldaten, der uns ermunterte, zu zulangen, was kaum noch möglich war. Denn die Kochgeschirre waren voller Kartoffel, also zurück zum Kartoffeltopf, aus gekippt bis auf eine oder zwei und dann aber ran an die Möglichkeit zu einer für uns unvorstellbaren Art einer Sättigung, an die wir nicht einmal zu träumen gewagt hätten. Wir hockten uns draußen auf die Erde und verschlangen hastig, was wir erbeutet hatten, schlichen aber dann, einer nach dem An
deren nochmals zu den einzelnen verschiedenen Fleischtöpfen und stopften uns voll, bis wirklich nichts mehr rein ging und wir kaum noch atmen konnten. Einer nach dem anderen legte sich hin, und wir schliefen ein. So wurde aus den acht Tagen der letzten Unfreiheit, noch jeder Tag ein Festtag.

Wir bedauerten es fast, als dann doch noch ein Zug zusammengestellt wurde, mit dem wir via Heimat transportiert wurden. Auch der
farbige Soldat bedauerte den Abzug. Wir hatten inzwischen Freundschaft geschlossen, denn wir hatten schnell gemerkt, dass die Farbigen eine andere Beziehung zu uns Halbwüchsigen, fast noch Kindern, hatten als die weißen Amerikaner. Viele von uns waren Gym-
nasiasten und sprachen ganz gut Englisch, was schnell zu der guten
Beziehung beitrug. Reich mit Lebensmitteln versorgt, wurden wir in
den jeweiligen Bahnhöfen abgeliefert. Es war alles bestens organi-
siert, wie alles bei den Amerikanern.

Als wir in Limburg ankamen, war ich der Einzige, denn die echten
Limburger waren schon lange zu Hause. Mit der Adresse meines
ehemaligen Bekannten fand ich schnell die Bäckerei, gab mich bei
den Bäckerleuten zu erkennen und wurde freundlich empfangen. Der
Sohn wurde gerufen, es gab ein freudiges HALLO und nach einem
guten Essen kam etwas, dem ich ganz und gar entwöhnt war, nämlich ein warmes Wannenbad. Danach ein herrliches weiches Bett in
einem schönen alten Zimmer mit einer alten Standuhr, die jede volle
Stunde schlug und mich jedes Mal erschreckte. Aber das habe ich
dann genossen und mich wohlig gestreckt und bin immer wieder
eingeschlafen mit dem Gefühl tiefster Befriedigung und der Freude,
nun wirklich bald zu Hause zu sein.

Wobei es aber noch einige Probleme zu lösen galt. Denn Limburg
war noch amerikanische Zone und gleichzeitig Grenzstadt an der
französischen Zone, und die Franzosen fingen eifrig schon entlassene
ehemalige deutsche Soldaten ab und schickten sie gleich weiter nach
Frankreich, wo dann manche noch Jahre verbringen mussten beim
Wiederaufbau der zerstörten Städte und Dörfer. Aber meine neuen
Freunde wussten Rat und der ging über die „grüne Grenze" Rich-

tung Staffel und Diez, wo dann auch ein unbewachter Bahnhof war und ich den nächsten Zug nach Montabaur nahm. Das war schon fast meine Heimat und von dort zu Fuß durch die heimatlichen Wälder nach Baumbach, meinem Heimatdorf. Da ich meine Ankunft nicht angemeldet hatte, war die Überraschung entsprechend groß. Aber das Tollste war, mein Vater, der ja während des Krieges Soldat und auch in Gefangenschaft, war kurz vor mir unversehrt nach Hause gekommen, und so war die Familie endlich wieder beisammen. Mein Vater hatte mit den Franzosen kein Problem, weil er schon zu alt war, aber ich durfte mich nicht zurückmelden, sonst wäre auch ich gleich weiter geleitet worden nach Frankreich. Aber unangemeldet gab es für mich auch keine Lebensmittelkarten, also konnte ich nicht zu Hause bleiben, sondern musste auf die Futtersuche für mich gehen.

Aber wozu hat man Verwandte, wenn man ein Problem hat, und ich hatte eins. Wer da helfen konnte, das war Onkel Eduard, der Besitzer der Firma Bay Keramik. In dessen Fabrik arbeiteten Leute aus den Bauerndörfern der Umgebung. Durch einen dieser Leute wurde ich an einen Bauernhof vermittelt und war fortan als Knecht in der Landwirtschaft tätig, von der ich außer von Hühnern Ziegen und Schweinen keine Ahnung hatte. Aber für mich war dieses Öertchen ein paradiesischer Zufluchtsort. Weit und breit kein Franzose wie bei uns, wo sie ganze Wälder abholzten. Ich brauchte mich nirgendwo auszuweisen und konnte mich täglich satt essen, was für mich alles andere als selbstverständlich war, nachdem ich gerade mal mit 52 Kilo aus der Gefangenschaft entlassen worden war.

1945 – Als Knecht auf einem Bauernhof

Die Bäuerin und Ihre Tochter waren nun sehr bemüht, mich schnellstens wieder auf den Status des gut Genährten zu päppeln, was ja auch Ihrem Status zu Gute kam und natürlich GUT gemeint war. Wobei ich damit aber erstmalig die Erfahrung machte, dass die, die es gut mit uns meinen, uns am übelsten zusetzen können, denn gegen die kann man sich nicht wehren, weil sie es ja GUT mit uns meinen, Die Folgen hatte mein Magen und Darm zu ertragen, der sich jetzt, mit der ungewohnten Art und Menge des zu verarbeiteten Futters überfordert fühlte. Er zwang mich zum ständigen Besuch des Plumps-Klos, was am Misthaufen stand. Ein Bretter-Häuschen mit einem ausgeschnittenen Herz in der Türe und einem Sitzbrett mit einem großen Loch in der Mitte, was zu einer praktischen Entleerung diente. Als es mir wieder etwas besser ging, genoss ich die Idylle des dörflichen Lebens. Es gab große Unterschiede zwischen meinem Heimatort und dem, wo ich mich jetzt befand. Es war noch ein reines Bauerndorf und alle lebten fast nur von der Landwirtschaft. Der Tag fing damit an, dass die Kühe gemolken wurden, und wenn der Kuh-Hirte auf einem Horn blies öffneten die Bauern die Kuhställe und die Kühe trotteten den ihnen bekannten Weg zur dörflichen Kuhweide, wo sie bis zum Abend blieben, um bei ihrer Rückkehr wieder gemolken zu werden.

Es waren fast alles Kleinbauern, der einzige Klassenunterschied zeigte sich bei den Zugtieren, denn die brauchten sie ja alle zur Feldbestellung. Da gab es damals nur zwei Möglichkeiten, nämlich ein stolzes Pferdegespann oder die braven Milchkühe, Trecker gab es noch nicht. Meine Arbeit bestand darin, am Morgen den Stall aus zu misten, wobei der Kuhmist sich wesentlich vom Pferdemist unterschied, was ich neidvoll anerkennen musste. Die morgendliche Säuberung war nur möglich, weil am Abend vorher genügend Streu auf dem gesamten Stall-Boden verteilt worden war. Die Streu bestand aus klein gehäckseltem Stroh, auf dass die weiche Pampe der Kuhfladen sich mit dem Häcksel-Stroh vermischte und so mit der Mistgabel zusammen gekratzt und auf eine Schubkarre geladen und zum Misthaufen transportiert wurde. Als mein Bauer dann auch noch ein Pferd in den Stall stellte, hatten wir damit ein gemischtes Fuhrwerk als einzige im Ort und gleichzeitig auch eine Attraktion. Die anfallenden Arbeiten waren, jahreszeitlich und Wetter bedingt, immer unterschiedlich, mal leichter, mal schwerer, und der körperliche Kraftaufwand machte mir am Anfang schwer zu schaffen, was dem Bauern gar nicht gefiel. Dafür war ich aber bei leichteren und komplizierteren Arbeiten sehr flink, was mir wieder einige Pluspunkte beim Bauern einbrachte.

Der Abend war die schönste Zeit, wenn die Dorfjugend sich nach Feierabend auf einer großen alten Treppe zum Schwatzen, Scherzen, Necken, und Flirten traf. Wir waren alle noch nicht in einem heiratsfähigen Alter und entsprechend harmlos und ohne erotische Hintergedanken. Keusch und fromm erzogen, (ich wusste immer noch nicht, was Unkeuschheit beinhaltete), denn Unkeuschheit, auch nur in Gedanken, galt schon als Sünde und musste gebeichtet werden. Außerdem geschah das muntere Treiben unter den wachsamen Augen der Erwachsenen. Es war einfach alles fröhlich und unbekümmert, und spät in der Nacht, freuten wir uns schon auf den nächsten Abend. Ich kannte einige von der vormilitärischen Ausbildung und auch von der Keramischen Fachschule und wurde daher freudig aufgenommen, aber mehrheitlich von der Weiblichkeit. Die Jungen des Dorfes waren fast alle exzellente Fußballer und gegen deren Image hatte ich nur meine leichtathletischen Leistungen entgegenzusetzen, aber die hatten hier keinerlei Bedeutung. Fußball war nun mal hier als das Größte angesagt und den genau hasste ich aus tiefstem Herzen, denn ich hatte mich schon in der Schule geweigert, statt beim Fußballspiel meinen Kopf gegen einen scharf geschossenen Ball zu halten mich lieber rasch gebückt, was mir den Segen der Disqualifikation ein trug, ich wurde nie mehr aufgestellt. Da nun einige Jungen meine Leistungen in Leichtathletik mitbekommen hatten, glaubten sie, ich sei ganz sicher auch ein guter Fußballer, aber da musste ich passen und mein gutes Aussehen konnte mein schlechtes Ansehen nicht ausgleichen, jedenfalls nicht bei den Jungen, um so mehr aber, bei den Mädels.

Aber es gab noch Möglichkeiten, mich etwas besser zu profilieren, nämlich ganz in der Nähe im Wald, war ein idyllisch gelegener Weiher, und ich konnte schwimmen, was im Dorf keiner konnte. Ich war also eine kleine Sensation. Und bei den Dorf-Festen, von denen es dort viele gab, konnte ich beim Tanzen auch Punkte sammeln, wodurch sich mein Ansehen, zumindest bei der weiblichen Jugend, um ein beträchtliches Maß steigerte. Der Erfolg blieb nicht aus. Es sammelten sich spät abends etliche Mädchen vor meinem Schlafzimmerfenster und bettelten „Serry (mein Spitzname) komm ans Fenster", bis ich von meinem Strohsack aufstand und ans Fenster ging, um mit ihnen zu albern. Aber da ging der Lärm erst richtig los. Nun lag das Schlafzimmer der Hofbauern genau über dem meinen und ich fürchtete, dass mir das Verdruss machen würde. Wunderte mich dann am Morgen, dass kein Wort über den Lärm in der Nacht erwähnenswert war, bis ich erfuhr, dass diese Annäherungsart der Jugend hier Orts üblich sei, ähnlich dem Fensterln in Bayern, bloß Geschlechter- gerecht umgekehrt, was ich aber als sehr angenehm empfand, weil es mir manchen Korb ersparte.

Das nächtliche Lärmen hörte ganz plötzlich auf, als mir die Dorf-schönheit zu verstehen gab, dass Sie zu einem Flirt mit mir bereit war. Dann war auf einmal der Himmel offen. Es war die erste Liebe von uns beiden. Wenn ich schwimmen ging, führte der Weg an ihrem Haus vorbei und es gab kein Problem für Sie zu einer Zusammen-kunft. Ich wartete angezogen auf Sie, denn ich wollte Sie nicht halb-nackt erschrecken, da wir beide noch sehr prüde waren und außer zarten Küssen sich nichts abspielte, es war Verliebtheit pur, und wir waren selig. Aber wie sagte schon Schiller, der wohl auch in diesen Bereichen Erfahrungen gesammelt hatte:„Des Lebens ungetrübte Freude ward keinem Irdischen je zuteil". Die Verschmähten, vom Neid getrieben, waren nicht untätig geblieben und hatten schnell unser zärtliches Tun erspäht und diese frohe Botschaft wurde ge-nüsslich den Eltern meiner noch Liebsten hinterbracht, und damit war unsere erste Liebe auch gleich unsere kürzeste. Ich konnte noch eine Nacht und einen Tag meinen Träumen nachhängen, aber als ich am nächsten Tag am Weiher auf sie wartete und sie nicht kam, kroch langsam ein Schmerz in mir hoch, den ich noch nicht kannte, und ich ahnte, dass sie an dem gleichen Schmerz litt, aber ich konnte sie nicht trösten.

Aber so ganz unerwartet traf mich dieser Schicksalsschlag nicht, denn ich konnte das Glück unserer Liebe ja eh kaum fassen, denn mein Status im Vergleich zu dem ihrem war schlicht und einfach zu ungleich. Sie war Tochter einer wohlhabenden Familie und ich Knecht bei einem Bauern. Ich bin nie mehr zum Teich schwimmen gegangen und habe das Mädchen, in der noch verbleibenden Zeit meines Aufenthaltes in diesem Dorf, nicht mehr gesehen. Von allen anderen habe ich Abstand gehalten, besonders von meinen Fenster-Verehrerinnen, denn die hatten uns bespitzelt und ausgeliefert. Das ganze Dorf wusste natürlich von unserer Beziehung und ich erwartete selbstverständlich allerlei schadenfrohe Neckereien, aber die blieben merkwürdigerweise aus. Offenbar tat ich ihnen leid, denn sie hatten ja gesehen, wie ich mich geplagt hatte mit dieser schweren Arbeit, die offensichtlich, nicht mein Ding war, aber ich hatte durchgehalten und nicht geklagt. Man hatte mich aufgenommen in diesem Dorf, und ich war glücklich gewesen hier, und nun war ich der Unglücklichsten einer. Den Liebeskummer merkte man mir an, denn ich war vorher ein munteres, pfiffiges Kerlchen gewesen, und nun ein stilles und stummes und war auch nicht mehr abends auf der breiten Treppe dabei, weil ich den Spott fürchtete.

Aber als der Bauer ein Pferd und eine kleine Kutsche kaufte, war ich happy, denn ich liebte Pferde und fuhr stolz am Sonntag mit der Tochter des Bauern, die wesentlich älter war als ich, zu Verwandten und Bekannten und werktags mit dem ungleichen Gespann auf die Felder. Ich liebte das Pferd und es ließ mich langsam meinen Kummer mit dem Mädchen in einem anderen Licht erscheinen. Eigentlich konnte ich doch froh und stolz sein, die Liebe mit dem hübschesten Mädchen im Dorf, um die mich alle anderen Jungen beneidet hatten, erleben zu dürfen - wenn auch nur kurz. Dieses Erlebnis zeigte mir, dem armen Knecht, dass ich den Mädchen mehr bedeutete, als man es bei meinem sozialen Stand erwarten durfte, und das ließ mein Selbstbewusstsein langsam wieder wachsen. Ich sollte noch oft erfahren, dass meine Chancen bei den Mädchen immer extra konträr zu denen bei ihren Eltern standen, sobald sie etwas bemerkten. Was mich aber andererseits davor bewahrte, eine feste Bindung einzugehen und mir so den Freiraum bot, noch vieles auszuprobieren. Dabei blieb ich längere Zeit.

Langsam kam der Winter und damit der Tag des Abschieds aus dieser heilen und liebenswerten Welt, die ich nun verlassen musste, weil im Winter keine Arbeit mehr für Knechte auf den Feldern war. Ich nahm nur Abschied von meinen Bauersleuten, um unbemerkt und traurig zu verschwinden. Nicht ahnend, dass dieses Dorf noch eine Menge bedeutsame Überraschungen für mich bereithielt. Damit ging für mich wieder einmal eine erfahrungsreiche Epoche zu Ende, die mich nicht unwesentlich geprägt hat und der es ganz sicher zu verdanken ist, dass ich mich in meiner zweiten Lebenshälfte wieder in einem anderen kleinen Bauerndorf eingerichtet (und ausgebreitet) habe.

1946 – Schwarzhändler

Zu Hause war es immer noch ziemlich trostlos. Die Franzosen hatten es aufgegeben, ehemalige deutsche Wehrmachtsangehörige aufzugreifen, um sie nach Frankreich zu schicken, aber rodeten noch weiter die Wälder. Ich konnte mich also anmelden und bekam auch Lebensmittelkarten, mit denen man aber nicht mehr so gut leben konnte wie auf dem Bauernhof. Somit befanden wir uns wieder in die graue Vor-Zeit unserer Vorfahren versetzt, als es noch kein Geld gab, sondern nur Ware gegen Ware. Wir hatten zwar Geld, aber damit konnte man keinen Nagel kaufen, geschweige denn ein Brett, um mir ein paar Skier beim Schreiner anfertigen zu lassen, die ich unbedingt haben wollte, denn Schnee und Berge hatten wir genug. Ich marschierte also zu unserem Sägewerk und bat höflich den Besitzer um ein Brett aus Eschenholz. Der schaute mich misstrauisch an und fragte: Was gibst Du denn dafür? ich will es bezahlen, sagte ich arglos. Ich will aber kein Geld dafür, und wenn Du sonst nichts zu bieten hast, kannst Du es vergessen. Diese demütigende Antwort machte mich wütend und mutig zugleich. Noch in der selben Nacht stahl ich aus dem mir inzwischen bekannten Stapel ein passendes Brett und dachte, das fällt gar nicht auf, hatte aber nicht bedacht, dass die geschnittenen Bretter zum Trocknen mit kleinen Querleisten als Abstand, zusammengelegt werden, wie der Stamm ungeschnitten einmal gewesen war. Das Brett kam zum Schreiner - und ebenfalls der Sägewerker. Er fragte den Schreiner, von wem er das Brett habe. Befriedigt über die Auskunft erstattete er beim Gendarmen eine Anzeige wegen Diebstahls gegen mich. Der erschien bei uns ohne Verzug und fragte mich, ob ich das Brett gestohlen hätte. Ich bejahte und sagte aber gleich, dass ich vorher bei dem Bretterbesitzer ein Brett habe kaufen wollen und er mir gegen Geld keins abgeben wollte, wenn überhaupt nur gegen eine andere Ware, und die hatte ich ja nicht. So, so, sagte der Herr Gendarm, wenn das stimmt, dann komm mal mit. Wir gingen zusammen zum Sägewerker, der nun seinerseits befragt wurde, ob meine Aussage stimme. Da es dafür Zeugen gab, einige Arbeiter hatten das mitbekommen, musste er zähneknirschend zugeben, dass es so gewesen war. Daraufhin wurde er darüber belehrt, dass Er der eigentliche Auslöser dieses Diebstahls sei, zu dem es ja gar nicht gekommen wäre, wenn er ordnungsgemäß wie es ja eigentlich seine Pflicht war, mein Geld angenommen und mir das Brett überlassen hätte! Wegen der Anzeige machte der gute Dorfpolizist um des Friedens willen den Vorschlag, das Geld für das ominöse Brett (fünf Reichsmark) anzunehmen und die Anzeige zurückzuziehen. Er war einverstanden.

Da Geld bei uns ja immer sehr knapp, also wertvoll war, musste ich jetzt erfahren, dass es fast wertlos war. Da ich bei dem Bauern keinen Lohn bekommen hatte, nicht einen Pfennig, dafür aber jeden Tag mich satt essen konnte, was für mich ja viel wichtiger war als Geld, das ich ja nicht brauchte. Nun dämmerte mir, Geld ist keine Ware, sondern ein Versprechen und in diesem Stadium ein LEERES. Was nun noch wirklich einen Wert hat, sind WAREN, in welcher Form auch immer ! Unser guter Onkel Eduard Bay hatte seine keramische Produktion inzwischen von Zierkeramik auf Gebrauchsgeschirr umgestellt, denn das war nun sehr gesucht, und es war ein gutes Tauschobjekt. Es hatte sich inzwischen ein reger Tauschhandel entwickelt, und der fand als sogenannter Schwarzhandel statt, der aber streng verboten war. Die damaligen Besatzungsmächte wachten darüber. Das war für findige Schwarzhändler aber kein Hindernis. Ich schloss mich erst einmal einem versierten Schwarzhändler an, der von uns, aus der Bayschen Produktion, Ware bekam und mir das nicht abschlagen konnte, was er lieber getan hätte.

Nun begann wieder ein völlig neuer Abschnitt in meinem Leben, der in ständigen Bahnreisen bestand, aber, aber nur in der französischen Zone die für uns den makabren Vorteil boten, zu erkennen, dass in den letzten Kriegstagen in diesem Gebiet von der deutschen Wehrmacht gegen den Einmarsch der Amerikaner heftiger Widerstand geleistet wurde, denn jetzt ging es ja um die eigene Heimat. Entsprechend wurde dort auch vieles zerstört, und die Menschen hatten, nach dem Durchmarsch der Amerikaner, kaum noch einen heilen Pott im Hause. Wir suchten nur Bauerndörfer auf, und es gab bei den Bauern zumindest schon wieder etwas Essbares, aber nichts anderes. Damit wurde mir nun bewusst, mit Geld konnte man nichts mehr bekommen, was einen Warenwert hatte. Aber für etwas sehr Wichtiges konnte man mit Geld noch bezahlen, nämlich für eine Fahrkarte mit der Reichsbahn, so hieß sie damals noch. Wenn man Geld nötig hatte, brauchte man an den Bahnhöfen nur Zigaretten anzubieten, dann bekam man für eine (1) Zigarette fünf Reichsmark. Meist wurden 10 Zigaretten für fünfzig Reichsmark getauscht, damit konnte man damals schon weiter fahren, als die Zone-Grenzen erlaubten.

Nach dem Besuch von zwei Bauernhöfen mit dem Begleiter, teilten wir uns das Dorf, und ich zog alleine los mit den neu gewonnenen Erkenntnissen des Tausch-Handels. Wollte sogleich den wichtigsten Faktor des HANDELNS zur Anwendung bringen, nämlich das Feilschen, etwas, was mir immer wieder Spaß machte. Feilschen heißt ja nichts anderes als, man will so viel wie möglich von etwas haben , aber dafür so wenig wie möglich hergeben. Zwei Gegensätze prallen aufeinander, und es sieht am Anfang so aus, als könnte es nie zu einem Ergebnis kommen. Nun gehört Gespür dazu, herauszufinden, wie wichtig ist dem Gegenüber das, was ich Ihm anzubieten habe. Dabei darf man nicht vergessen, der Tauschakt, ist in gewisser Weise auch ein Ehrenhandel. Es geht um die „Ehre", das Gefühl zu haben:

ICH habe den Anderen „übers Ohr gehauen", oder anders ausgedrückt, „über den Tisch gezogen". Die Bauern, seit alters her mit diesem Medium bestens vertraut, erkannten sofort, dass ich ein blutiger Anfänger war. Sie zogen mich nach ihren Regeln über den Tisch, ohne dass ich es merkte und gaben mir noch das Gefühl, wie weiland HANS IM GLÜCK, ein gutes Geschäft gemacht zu haben. Wieder auf der Heimreise im Zug zeigten wir gegenseitig unsere Errungenschaften und mein Begleiter stellte befriedigt fest, dass ich wohl keine Konkurrenz für Ihn würde und prahlte damit, was er ergattert hatte und ich alles falsch gemacht hätte. Aber da hatte Er sich getäuscht, denn der Misserfolg spornte mich wütend erst richtig an.

Als erstes ging ich an unseren Bahnhof und lernte dort einen netten älteren Zugführer kennen, der mir in der Folgezeit noch sehr wertvolle Dienste leisten würde. Er mochte mich gleich, wohl weil ich damals, trotz der Aufpäppelung auf dem Bauernhof, körperlich noch einen ziemlich kläglichen Eindruck machte. Ich erzählte Ihm, was ich beabsichtigte und Er besorgte mir eine Liste der Zugverbindungen und ihre Abfahrtzeiten. Damit konnte ich mir problemlos einen Plan erstellen, dachte ich, aber es stellten sich ´dann doch noch andere Probleme ein, die nicht kalkulierbar waren. Die Züge waren damals selten pünktlich, ein Zustand, der auch bis in unserer jetzige Zeit, nie ganz behoben werden kann. Aber die Verspätungen hatten auch wieder einen Vorteil - Alles ist für etwas gut -, die Züge waren meist überfüllt mit Hamsterern und Schwarzhändlern. Wenn man Glück hatte, ergatterte man noch einen heißen Becher Bouillon in den Wartesälen, soweit noch vorhanden.

Aber was noch wichtiger war, man lernte die unterschiedlichsten Menschen kennen. und so kam ich problemlos an Leute heran, denen ich in den überfüllten Zügen nie begegnet wäre. So bekam ich wichtige Informationen, wie und wo man etwas tauschen konnte, wo die strengsten Kontrollen waren, wie man über die Zonengrenzen kam, um den Aktionsradius zu erweitern, was von großer Bedeutung war. Denn in unserer armen französischen Zone war außer Lebensmitteln von den Bauern, kaum etwas zu holen. Man konnte jetzt wählen. Im Norden waren die Engländer, im Süden die Amerikaner. Der Norden war von Bombern sehr zerstört, besonders das Ruhrgebiet. Dagegen war der Süden Deutschlands doch mehr verschont geblieben, aber beide Landesteile waren erst einmal unerreichbar durch die Zonengrenzen. Die Franzosen wachten eifersüchtig über ihre Grenzen, weil Stalin ihnen gar keine Zone zubilligen wollte, aber Churchill setzte sich für sie ein, und so bekamen sie doch noch eine zugewiesen, sehr zum Kummer für uns. Aber noch ärmer dran war der Osten Deutschlands, den Stalin beanspruchte. Die Menschen dort wurden noch mehr ausgeplündert. Ich musste mich also erst einmal mit meiner Heimat-Zone begnügen.

Da meine Schwestern und ich dringend neue passende Schuhe brauchten, erfuhr ich auf meinen Reisen nach Essbarem in den Zügen und beim Warten auf den Bahnhöfen, wo es Schuhe gäbe. Die gäbe es in der Pfalz, und es wurde eine Stadt Hauenstein genannt. Also fuhr ich dorthin. In dem Städtchen angekommen, berichtete man mir, die Franzosen hätten alle Schuhfabriken beschlagnahmt und die mit einheimischen Arbeitern gefertigten Schuhe gingen alle nach Frankreich. Die Verwaltung darüber hätte ein französischer Standort-Offizier. Man zeigte mir, wo er wohnte und ich ging hin. Eine junge hübsche Frau öffnete mir verwundert die Tür. Da fiel mir heiß ein, dass ich ja gar nicht in ihrer Sprache mit Ihr reden konnte, und so redete ich einfach in meiner Sprache drauflos und zählte auf, was ich anzubieten hatte. Zu meiner Verblüffung sagte Sie im reinsten Deutsch zu mir, kommen Sie doch bitte herein und zeigen mir, was sie haben. Als sie meine Verwunderung bemerkte, sagte sie, dass sie aus Lothringen stamme und beide Sprachen dort lernen musste. Ich hatte diesmal außer dem Gebrauchsgeschirr auch einiges an Zierkeramik aus dem Vorkriegsfundus meines Onkels dabei. Die junge Frau war begeistert und fragte, was ich dafür haben wolle. Ja was schon, Schuhe natürlich die, gäbe es doch hier. Da sagte sie, ihr Mann käme gleich zum Mittagessen nach Hause, da könnte ich ihm sagen, was für Schuhe ich möchte. Sie bemerkte meine Skepsis, denn jetzt war mir die Sache doch nicht mehr so ganz geheuer, aber sie beruhigte mich. Von ihrem Mann hätte ich nichts zu befürchten, Er war in deutscher Gefangenschaft gewesen und man hatte ihn gut behandelt, er sprach auch etwas deutsch. Als er kam und sah, wie begeistert seine junge hübsche Frau von meinen alten Keramiken war, wurden wir schnell handelseinig. Aus dieser Begegnung wurde eine Freundschaft, die anhielt bis zu unserer Währungsreform im Juli 1948. Aber bis dahin konnte ich Schuhe in allen Größen und Farben bestellen, natürlich immer nur in kleinen Mengen.

Inzwischen hatte ich durch die vielen Kontakte mein Sortiment auf alles und jedes ausgedehnt, was einen umfänglichen Tauschhandel voraussetzte, um einen bestimmten Artikel zu erwerben. Ein Beispiel: Ich wollte für mich ein Fahrrad haben, von jemand, der eines hatte und nicht mehr brauchte, aber dafür ein kleines Schwein haben wollte. Also ging ich auf die Suche bei den Bauern, von denen ja jeder mehrere Schweine im Stall hatten, natürlich auch kleine, denn sie zogen ja immer wieder Junge auf, weil die älteren geschlachtet wurden. Knappe Frage, was kostet es und was willst Du dafür haben, Das Geld war bei diesem Handel immer noch die Richtlatte für den Wert eines Artikels, aber ohne als solches in Erscheinung zu treten. Also hieß es immer noch: „Was kostet es?" Er nannte den Preis und wollte dafür Stoff für einen neuen Anzug haben. Halleluja! Ich bot ihm Schuhe an, nein, Anzugstoff oder das Schwein blieb im Stall. Auch bei anderen Objekten, die ich inzwischen besorgen konnte, blieb er hart. Fahrrad und Schwein fanden nicht zueinander. Aber da ja alles für etwas gut ist, wurde mir bewusst, dass mir etwas Wesentliches in meinem Sortiment fehlte; Stoffe! Die gab es aber nur im für uns gelobten Land, in der amerikanischen Zone, vor allem in Süddeutschland. Das war nicht fair.

Für die Eisenbahn gab es die Zonengrenzen nicht, aber diese wurden kontrolliert, zumindest von den Franzosen, Amerikaner habe ich nie an den Grenzen gesehen, die interessierte das nicht. Es gab zwar Pässe, aber nur für seltene Ausnahmen, und eine solche führte mich dann auch bei meiner ersten Auslandsreise über die Grenze. Ein Bekannter meines Vaters hatte einen Sohn, der eine seltene Krankheit hatte und zur Therapie nach Wiesbaden musste. Er war in meinem Alter, hatte so ziemlich meine Größe und besaß einen solchen Ausnahme- Pass ohne Bild, den man mir, natürlich für ein Etwas aus meinem schwarzen Sortiment, nicht ohne Bedenken, übergab. Damit machte ich eine Probefahrt zu meinen Freunden in mein geliebtes Limburg, was kein Problem war, der Pass wurde anerkannt. Bei dieser Fahrt begegnete ich wieder dem netten Zugführer aus Siershahn.

Da ich damit rechnen konnte, von den Bäckers-Leuten wieder mit Brot versorgt zu werden, fragte ich ihn, ob er etwas Brot von mir in seinem Waggon mitnehmen könnte nach Siershahn, Er war einverstanden, denn ihm war klar, dass dabei auch etwas für Ihn abgezweigt würde, Die Verabredung, die wir trafen, klappte, ich lieferte mein Brot in seinem Waggon ab und stieg mit meinem Pass in einen Personenwagen. Es ging wieder problemlos über die Grenze. In Sierhahn holte ich mein Brot ab und überließ ihm seinen gebührenden Anteil. Während der Heimfahrt in meinem Abteil kam mir die

Idee, das Gleiche auch auf der Hinfahrt nach Limburg, diesmal nicht mit Brot, sondern mit meinen Tauschobjekten für die amerikanische Zone zu befördern. Er war wieder einverstanden, und wir verabredeten einen Zeitpunkt in Limburg, von wo aus ich dann weiter unbehelligt nach Süden ins Württembergische fuhr. Einige Tage später wieder zurück zum Treff nach Limburg, und nach bewährter Weise zurück in meine Heimat. So kam ich nun unter vielem anderen auch an einen Anzugstoff für das Schweinchen und mit dem Schweinchen auch an mein Fahrrad.

Zwischenzeitlich hatte ich mir die Technik des sogenannten Reetmachens angeeignet, mit der man in die Hand-getöpferten Gefäße Ornamente einritzte, die dann mit Kobalt für blau oder Eisenoxyd für braun, farbig ausgemalt und dann im Ofen gebrannt und so die sogenannte Salzglasur erhielten. Eine alte Technik, die aber zeitlos heute noch genau so gefertigt wird und immer noch ihre Liebhaber und Sammler findet. Als Lohn ließ ich mir meine Tätigkeit mit solchen Stücken bezahlen, die bei meinen Tauschgeschäften besonders begehrt waren. Da ich nun fast alle möglichen Stoffe besorgen konnte, dachte ich auch einmal an mich und an den Zustand meiner Kleidung, die fast nur aus ehemaligen umgefärbten Uniformen bestand. Damals gab es noch richtige Schneidermeister in unserem Dorf, die fast nur mit dem sogenannten Wenden beschäftigt waren. Also abgetragene und schon glänzende Anzüge wurden aufgetrennt und mit der inneren Seite wieder zusammen genäht, sodass sie wieder wie neue aussahen.

Da kam ich nun mit nagelneuem Stoff daher und wollte davon einen Maßanzug geschneidert haben. Nun dachte ich, der würde ganz schön staunen über meine Errungenschaft, aber er sagte nur: Und wo ist das Futter, wo ist das Garn, wo sind die Knöpfe, wo das Steifleinen, wo das Stoßband für die Hosen? Ich nahm wortlos meinen Stoff wieder unter den Arm, und ging zum nächsten Schneidermeister, aber als der dann wieder mit „WO IST…" anfing, winkte ich ab und sagte: Schreiben Sie mir auf, was und wie viel sie davon brauchen, und ich werde versuchen, es zu beschaffen. Was ich nicht bekomme, werden wir uns aus alten Anzügen besorgen. Nun machte ich die Erfahrung, dass es bedeutend einfacher ist, einen guten Stoff zu erwerben als die vielen Kleinigkeiten, aus denen es erst ein Anzug wird. Es brauchte zwar Zeit, aber ich bekam nach und nach alles zusammen, und eines Tages erschien ich in einem tollen Anzug. Auch mit neuem Hemd und natürlich auch neuer Krawatte, alles aus der Amerikanischen Zone. Nur die neuen Schuhe waren von den Franzosen, die ich zwischenzeitlich auch immer mal wieder aufsuchte, denn Schuhe gab es sonst nirgends.

Meine Geschäfte liefen prächtig und es gab nichts, was man nicht, wenn auch durch mehrmaliges Tauschen, bekommen konnte.. Die Freundschaft mit meinem Zugführer habe ich weiter vertieft zu unserer beider Nutzen, denn in den Waggons wurde damals auch die Paket-Post befördert, was sich für mich als von großem Nutzen erwies. Dabei entdeckte ich mein Talent zum Organisieren. Die meiste Zeit der Woche war ich unterwegs, das Reisen machte mir immer mehr Spaß, ich hatte fast alle Zugverbindungen im Kopf. Da das Transportproblem gelöst war, suchte ich immer neue Stützpunkte anzulegen, bei denen ich auch meistens Essen und Unterkunft fand. Eine Tages bekam ich eine Einladung zur Kirmes von dem Bauern, dem ich als Knecht gedient hatte, also aus dem Dorf meiner ersten Liebe. Im Hinblick auf meine neuesten Klamotten, nahm ich die Einladung dankbar an. Und da ich mir inzwischen zu dem ersten Anzug noch einen zweiten hatte „bauen" lassen, schlenderte ich am Samstagabend mit dem ersten durchs Dorf, wo ich freudig begrüßt wurde, um am Sonntag mit dem zweiten zu erscheinen. Erst in der Kirche, später dann im Tanzsaal, wo inzwischen neue junge Mädchen herangewachsen waren und verschämt und kichernd, wie ich es schon kannte, nach den Jungen schielten. Ich genoss erst einmal meinen Auftritt und die bewundernden und erstaunten Blicke: Das war einmal Boxels Knecht? Denn nur wegen meiner ersten Liebe hatte ich mich so heraus geputzt. Zum Tanzen wurden erst einmal altbekannte Mädchen bedient, die es dankbar genossen. Inzwischen war mir nicht verborgen geblieben, dass eine von den ganz jungen große Ähnlichkeit mit meiner ersten Liebe hatte, die aber leider nicht anwesend war, was mich fast kränkte, denn nur wegen Ihr war ich eigentlich hier. Ich drehte dann meine Runden mit den Küken, bis auf die mit der Ähnlichkeit, die hob ich mir noch eine Weile auf.

In dem Dörfchen hatte sich seit meinem Weggang, kaum etwas verändert, es regierte immer noch der Nachkriegs-Mangel an allem, nur nicht an Essen, und nun wollte man von mir wissen, wo und wie ich an solche tollen Sachen komme. Bescheiden sagte ich, sie stammen von dort, wo es sie halt gibt. Und wo gibt es sie? Das muss man halt herausfinden und das macht man am besten, wenn man ständig unterwegs auf Reisen ist und viele Menschen kennenlernt, die einem Tipps geben, wo man dies oder jenes bekommt. Wenn man dann selber noch welche geben kann, erfährt man immer mehr. Im Grunde sind das ja ganz normale Tauschgeschäfte, wie es sie früher ja nur gegeben hat. Der Reiz dabei ist, das man nebenbei auch noch Land und Leute kennenlernt, die man sonst nie im Leben zu sehen bekäme, da das Reisen ja so gut wie nichts kostet, weil man es mit wertlosen Geld erkaufen kann. Nach diesem Vortrag wollte ich wieder hübsche Mädchen in die Arme nehmen und steuerte zielgenau auf die „Ähnliche" hin. Ich merkte, dass sie mir etwas sagen wollte, aber sie traute sich nicht so recht, aber dann platzte sie heraus :"Irmgard ist nicht da!" Sie wird auch nicht kommen, sagte ich lakonisch. Die Antwort verblüffte sie. Und woher willst Du das wissen? Weil sie mich nicht sehen will, sonst wäre sie doch da, oder hast Du eine andere Antwort? Du siehst ihr sehr ähnlich, seid Ihr miteinander verwandt? Sie wurde puterrot und wollte sich von mir losmachen, ich ließ Sie aber nicht los, das wollte ich jetzt wissen,. „Sie ist meine Cousine." Dann weißt Du doch auch, warum sie nicht kommen kann? Sie nickte nur. Wir tanzten schweigend weiter den Tanz, dann brachte ich sie an ihren Platz und ging ohne Abschied hinaus und zu meinen ehemaligen Brotgebern in das alte Strohsack-Bett.

Da ich keinen Sinn mehr darin sah, noch einen Tag da herum zu lungern, hieß das also, ab nach Hause, die Geschäfte warten. Die ließen mich auch schnell die dörfliche Episode vergessen, denn mein Terminplan wurde immer enger. Ich hatte inzwischen einige Töpfereien mit meiner Reet (Ritz)-Technik zu versorgen, das geht nur im weichen lederharten Zustand, den man aber nur eine kurze Zeit mit feuchten Tüchern erreicht .Um meinen Tausch-Handel nicht zu vernachlässigen, musste ich immer wieder auf Reisen gehen, um die Ware auch umzusetzen, die ich als Lohn bekam. Mein Handel wurde immer umfangreicher und vielfältiger. Ich hatte es sogar fertig gebracht, mir zu den Skiern aus dem ominösen gestohlenen Brett ein Paar passende Skistiefel von den Franzosen machen zu lassen. Da ich mir eine eigene Werkstatt zulegen wollte, schaffte ich alle benötigten Materialien herbei und ließ sie auch aufbauen.

1948 – WÄHRUNGSREFORM

Das war aber dann auch die Krönung, denn inzwischen hatten Engländer und Amerikaner beschlossen, das wertlose deutsche West-Geld in eine ganz neue Währung umzutauschen. Für mich war es eine Katastrophe, es war der komplette Ruin meiner so gut organisierten Tausch-Händlertätigkeit. Diesen 18. Juni 1948 werde ich nie vergessen, Ich stand im Koblenzer Hauptbahnhof, als aus dem Lautsprecher die Meldung kam: Am 20. Juni erfolgt die Währungsreform. Bereits einen Tag später, am 21. Juni, war die DM, wie man sie nannte, das einzige Zahlungsmittel in den westdeutschen Alliierten-Zonen. Es war das Aus mit den fast kostenlosen Bahnreisen, denn man bekam pro Kopf 40,00 DM Kopfgeld und nach einem Monat noch einmal 20,00 DM. Alles bare Altgeld, Reichsmark und Rentenmark musste jeder auf ein Reichsmarktkonto einzahlen; Die Umstellung jedes Reichsmark-Kontos musste beantragt werden; die Reichsmark-Konten wurden geprüft und auf Deutsche Mark (DM) im Verhältnis 1 zu 10 umgestellt. Schlagartig tauchten in den Schaufenstern der Geschäfte fast alle möglichen Dinge auf, die man vorher jahrelang so nicht mehr zu sehen bekommen hatte, nur fehlte nun den meisten dafür das neue Geld. Ab sofort begann eine ganz neue Ära für die Menschen in den drei Westzonen, in der man sich erst einmal nur schleppend zurechtfand. Die Waren die jetzt angeboten wurden, waren ausschließlich gehortete Dinge, die vorher für den Tauschhandel bestimmt waren und die man nun für das neue Geld erwerben konnte.

Und da diese Bestände bald aufgebracht waren, ergab sich zwingend die Notwendigkeit zur weiteren Produktion von Gütern des täglichen Bedarfs. Die Amerikaner pumpten mit dem sogenannten Marshall-Plan zusätzliches Geld in die Wirtschaft, womit Banken und

Sparkassen in die Lage kamen, Kredite zu vergeben. damit auch der Wiederaufbau der zerstörten Städte und Industrien beginnen konnte. Damit begann sich langsam der wirtschaftliche Kreislauf zu drehen. Stillgelegte Fabriken begannen vorsichtig wieder zu produzieren und Waren anzubieten. Zuerst Gebrauchs- und etwas später auch wieder Luxusgüter, was immer man darunter versteht, sicherlich jeder etwas anderes. Das konnte schon mal eine gut riechende Seife sein, denn man hatte sich jahrelang mit Tonseife waschen müssen, die total geruchlos war. Da mein Leben in dieser letzten Phase und in einer relativen Freiheit bisher total ausgefüllt war mit dem Tausch von allen möglichen Objekten, was auch keine anderen Zukunftsvisionen zuließ, stand ich nun buchstäblich auf der Straße, ohne den Schimmer einer Ahnung, wie es nun weiter gehen sollte. Mit der letzten noch gültigen Fahrkarte fuhr ich betrübt nach Hause, es sollte für lange Zeit meine letzte große Eisenbahnfahrt sein.

1948 – Rückkehr ins NORMALE Leben

Epoche abgeschlossen, ähnlich wie der Abschied vom Bauernhof, der mir aber ganz neue Weg eröffnet hatte. Da ja nach meinen gemachten Erfahrungen „alles für etwas gut ist" sah ich mich nun um, was das nun sein könnte. Und siehe da, inzwischen war meine geliebte Fachschule wieder geöffnet und ich brachte es zu einem Abschluss, Und da ich mir einen eigenen Brenn-Ofen in meiner Werkstatt gebaut hatte, fing ich eine eigene Produktion an und bekam auch gleich einen Auftrag für Futtergefäße in Aquarien in verschiedenen Formen. Und für den gleichen Kunden ein ca. 8cm Durchmesser großes rundes Scheibchen, 1cm dick, mit fortlaufenden Nummern. Gebraucht wurden sie in Krematorien zur Kennzeichnung der Eingeäscherten.. Eine wahrhaft erbauliche Tätigkeit war das nicht.

Um meinen Eltern nicht länger auf der Tasche zu liegen, wie man bei uns sagte, habe ich mich bei der nachbarlichen Schnapskrug-Fabrik als Hilfstöpfer versucht. Es klappte auf Anhieb, denn ich hatte in der Schule auch Töpfern gelernt. Da musste ich den noch weichen, zylindrisch gepressten Formkörpern eine Schulter und ein Hälschen verpassen, damit der Krug auch pass genau verschlossen werden konnte, was nicht ganz einfach war. Eine Zeit lang machte es mir Spaß, vor allem auch, weil ich jetzt über ein sicheres Einkommen verfügte, mit dem ich meinen Eltern die Kosten meiner Erhaltung bezahlen und auch mir einiges leisten konnte. Als dann einmal ein großer Lastzug kam, um eine Ladung unserer Krüge abzuholen, bekam jeder zwei Krüge Steinhäger Schnaps, ich glaube, es war ein Wacholder-Gesöff. Ich hatte noch nie Schnaps getrunken, wollte den Anderen im Saufen aber nicht nachstehen. In der Nacht kämpfte ich fast um mein Leben, so musste ich kotzen. Jetzt wieder einmal einer meiner Leitsprüche: „Alles ist für etwas gut"! Ein ganzes langes Leben lang, bis zum heutigen Tag, ist mir kein Schluck Schnaps (oder ähnliches Gesöff) noch einmal über die Gurgel geflossen, denn ich hatte leidvoll erfahren müssen, welch ein fürchterliches Gift Alkohol ist.

Diese Episode hatte wiederum Folgen. Es hat eine ganze Zeit gedauert, bis ich diese Alkohol-Vergiftung halbwegs überstanden hatte. Aber es gab kein Zurück mehr zu dieser Stätte, an der mich alles an diese Krankheit erinnerte. Nun kam mein Onkel Eduard Bay wieder zum Zuge. Seine Firma lief prächtig, und mein Vater war nun dort Brennmeister, aber nicht mehr lange. Denn Onkel Bay lies nun auch einen der fortschrittlichen Elektro-Tunnelöfen bauen und damit wurden wieder Jahrhundert alte Arbeitsplätze frei, genau wie bei den Töpfern, die ja durch Gipsformen ersetzt wurden. Es dauerte nicht lange, da arbeiteten alle größeren Firmen nach dieser Methode. Damit wurde diese wunderbare Zierkeramik zu einem Massen-Artikel!

Man stelle sich vor, diese Tunnelöfen förderten jeden Tag, jede Nacht, jeden Sonn-und-Feiertag ohne Unterbrechung, fertige und fehlerfreie Keramikteile auf die Reise zur Kundschaft. Und dass, zu billigeren Preisen als es mit der früheren Methode möglich gewesen wäre. Da diese nun anfallenden Mengen im bisherigen Umkreis nicht mehr in solchen Mengen aufgenommen werden konnten, wurde der Absatz nun weltweit verteilt. Was ich nun jeden Tag bei Facebook bestätigt bekomme. Da ich nun diese Phasen hautnah mit erlebt habe, bin ich der Meinung, dass der Anfang dieses Fortschritts, der Anfang für das Ende dieser so schönen Zierkeramik Ära war.

Man bot mir an, in meiner Werkstatt Gießformen für die Fabrik anzufertigen - was ich dankbar an nahm. Somit hatte ich weiterhin ein festes Einkommen und brauchte nicht in eine Fabrik. Es machte mir zwar keinen besonderen Spaß, denn ich wurde dabei so gut wie nicht gefordert. Aber da ich immer sehr fleißig war, verdiente ich dabei so viel, dass ich mir meinen größten Traum erfüllen konnte: Ich kaufte mir das erste Auto meines Lebens, einen Vorkriegs-OPEL-KADETT von 1937, ein Traumauto. Danach habe ich kein schöneres mehr gefahren, besser wurden die nächsten Generationen schon , aber nie mehr so elegant. Der Windkanal hat inzwischen alle Autos glatt rasiert.

Nun erlebte ich die letzten freien Jahre meiner Jugend, ohne es zu ahnen. Wir waren eine Gruppe, die keine Jungs mehr waren, aber auch noch keine Männer. Sonntags machten wir die Kirchweihfeste der Umgebung auf den Tanzsälen unsicher. Zuerst waren wir vier, aber es sprach sich herum, und wir brachten es zeitweilig auf zwölf, das war schon eine stolze Truppe. Und wenn wir einzogen in Säle oder Zelte, fanden wir immer gleich geteilte Beachtung von Mädchen und Jungen. Mit geübten Augen wurden schnell die Hübschesten bedient. Ich als Ältester und Organisator behielt die Jungen im Auge, und ehe es zum Krawall kam, gab ich das Zeichen zum schnellen Aufbruch, was aber oft durch Mädchen verzögert wurde, weil sie einen oder mehrere der hübschen Jungen, nicht hergeben wollten. Das unbekümmerte Leben ging noch einige Jahre so weiter. Inzwischen hatten wir auch dem Dorf, in dem ich ein halbes Jahr zum Zwecke des Hungerstillens (und meiner ersten Liebe) verbracht hatte, unsere Aufwartung gemacht. Als einziger Kriegsteilnehmer (!) und Organisator der Gruppe war ich der unbestrittene Anführer. Für diesen Besuch hatte ich die Losung ausgegeben: „Anständiges Verhalten", das hieß, sich nicht zu besaufen und keine Provokationen zu inszenieren! Weiter, und das war schon schwieriger, bei der Aufforderung zum Tanz, also bei den ersten Klängen der Musik, den Dorfjungen den Vortritt zu lassen und sich mit den sitzen gebliebenen

Mädchen zu begnügen, was ihnen ein Gräuel war. Sie blieben störrisch stehen, waren sie doch gewohnt, die blühenden Blumen zu pflücken. Den Grund dafür erklärte ich Ihnen auch, denn ich wollte auf keinen Fall dort als der Anführer einer Schläger-Bande auftreten.

Aber nun geschah etwas Unvorhergesehenes. Ein keckes Mädchen unter den Verschmähten stand auf und ging zu einem unserer hübschen Jungen und zog ihn auf die Tanzfläche. Sofort sprangen die restlichen Mauerblümchen auch auf und schnappten sich, was sie kriegen konnten. Diesmal blieben einige Jungen sitzen, beziehungsweise stehen, so auch ich. Da man mich ja hier bestens kannte, wusste man auch, auf wen ich wartete und stellte genüsslich fest, dass SIE nicht da war, aus welchem Grund auch immer - den sollte ich aber noch erfahren. Dafür war aber die Cousine da mit Ihrem Bruder, den ich vor Jahren im Krieg.in einem vierwöchigen Wehrertüchtigungs-Lager kennengelernt hatte. Ich ging zu ihnen, der Bruder begrüßte mich hocherfreut, aber die Schwester ließ mich kalt abblitzen. Mit einiger Verwunderung fragte ich Sie, ob ich Ihr etwas getan hätte. Da blaffte Sie mich an: „Das fragst Du noch? „Jaaa, das frag ich Dich und möchte wissen, was und wann ich Dir etwas getan habe." Nach einigem Zögern kam dann heraus, dass ICH dem Bruder einer Freundin etwas über SIE gesagt hätte! Was, sagte Sie nicht. Ich war total verblüfft, sah mich im Saal um und erblickte den Berichterstatter, ergriff Ihre Hand und zog Sie durch den Saal zu dem Nachrichtenüberbringer und sagte ganz ruhig zu Ihm: Sage mir bitte noch einmal, was ich damals zu Dir über dieses Mädchen gesagt habe, ich habe es vergessen. Dann kam langsam heraus: „Du hast gar nichts gesagt, das brauchtest du ja auch nicht, denn die Beiden haben ständig nur über Dich gesprochen, das hat mich so geärgert, und da habe zu meiner Schwester gesagt, wenn DIE (die ich gerade an der Hand hielt) wüsste, was Du über SIE gesagt hast, würde sie ganz dumm gucken! Genau das tat Sie nun wirklich und wollte sich wütend auf ihn stürzen. Ich zog sie zurück und brachte sie zu Ihrem Bruder an den Tisch, wo Sie vor Wut und Scham anfing, jämmerlich zu weinen. Das tat mir nun doch sehr leid. Ich versuchte Sie zu trösten und die Handlungsweise des Jungen nicht als Boshaftigkeit auszulegen, sondern als schmerzhafte und pure Eifersucht. Bestraft sei er jetzt schon genug mit der Blamage, die jetzt an ihm hing, und über die sich jetzt alle lustig machen würden.

SIE war inzwischen etwas älter und auch hübscher geworden, an Aussehen ließ sie Ihrer Cousine an nichts nach, im Gegenteil: Sie war sehr schlank, hatte wunderschöne helle Naturlocken und ein reizendes Gesicht, das ich mir gerne noch etwas länger angesehen hätte. Aber meine Leute gaben mir das Zeichen zum Aufbruch, denn für sie war dieser Abend ziemlich öde verlaufen und es war immer noch früh genug, um noch auf irgendeiner anderen Kirmes unser Glück zu versuchen. Als ich mich erhob, um zu gehen, baten mich die Geschwister, doch noch etwas zu bleiben, was ich aber nicht wollte, versprach aber, sie einmal alleine zu besuchen, umarmte das Mädchen und drückte ihr einen zarten Kuss auf die Stirne, dem Bruder männlich die Hand und verschwand, nicht ahnend, dass dieser Abend wieder einmal meine Welt brutal verändern sollte.

Die Beziehung zu den Mädchen wurde von unserer streng erzogenen Keuschheit bestimmt, Unkeuschheit war eine Todsünde, denn wenn man mit der, ohne Beichte und Absolution vom Pastor, starb, landete man stracks in der Hölle, wo nur Heulen und Zähne knirschen herrschen sollte und auch noch drohende Feuer brannten. Überhaupt war, besonders für uns Kinder dieser sogenannte LIEBE GOTT eine dauerhafte Bedrohung. ER drangsalierte uns mit ständigen Drohungen und Verboten. Das DU SOLLST und DU SOLLST NICHT war unser allgegenwärtiger Begleiter, mit der Auswirkung, dass wir alle vier Wochen beichten mussten. Der sogenannte Beichtstuhl war ein Kasten mit einer Halbtür vorne, darüber ein Vorhang, an den Seiten links und rechts eine Bretterwand mit einer Kniebank für den reumütigen Sünder. In Kopfhöhe war eine durchlöcherte Fläche, durch die man seine SÜNDEN flüstern musste. Auf der anderen Seite sah man drohend ein Ohr, und es gab immer ein Problem, nämlich: Woher die Sünden nehmen? Wo und Wie und Womit konnten wir denn überhaupt sündigen? Da half uns niemand, nur die Fantasie, und die ist sehr unterschiedlich angesiedelt und ausgeprägt. Ich hatte kein Problem damit, was sich in meinen sehr unterschiedlichen Lebensabschnitten als noch sehr nützlich erwies. Da kam man mit Erfindungsreichtum passabel zurecht und lernte dabei auch noch Verhaltensregeln für das zukünftige Leben. Wir logen also verwegen unsere nicht begangenen Sünden in das geneigte Ohr, wobei der letzte Satz unseres Sündenregisters, immer lauten musste: „ICH HABE GELOGEN", damit die Absolution (Vergebung der Sünden) nicht gefährdet wurde. Dann konnten wir kraft dessen würdig zur heiligen Communion schreiten. (Die Beichtpflicht wurde erst 1215 von Papst Innozenz III.als ein Kontrollinstrument eingeführt). Das war ein Zwischenstopp zur Erläuterung unseres Verhaltens, speziell und im Besonderen., dem anderen, uns so unbekannten Geschlecht gegenüber, Wir waren so prüde, dass wir es nicht wagten, die Mädchen auf den Mund zu küssen, aus Angst, sie würden dadurch schwanger. Total unaufgeklärt blieben wir noch einige Zeit unbekümmert und frönten des ungebundenen Lebens. Eine Weile genoss ich noch diese unwiederholbaren Freiheiten, gepaart mit der fast noch kindlichen Unbekümmertheit, die man schon etwas später nie mehr erreichen würde. Bei manchen zieht er langsam heran, der sogenannte Ernst des Lebens, bei mir schlug er plötzlich und knallhart zu.

Die Tätigkeit die ich zu der Zeit immer noch ausübte, konnte mich auf Dauer nicht befriedigen, obwohl sie gut bezahlt wurde. Die Irren und Wirren der Kriegs- und Nachkriegszeit gingen langsam über, in eine ruhige Normalität des Wiederaufbaus der Häuser und Fabriken. Kraft des neuen Geldes kam langsam die Wirtschaft wieder in Gang, und nach einigen Jahren sprach man schon von einem Wirtschaftswunder. Da die Zeit reif war, und auch die Möglichkeiten, mal etwas Neues zu versuchen, immer besser wurden in diesem Land, das nun schon mitten im Aufbruch war, mit dem schönen neuen Geld, etwas zu schaffen, was immer weiter neues Geld erbrachte. Und nun passierte wieder etwas, was ich schon einige Male erlebt hatte. Wenn eine Epoche ausläuft, egal aus welchen Gründen, ist der WEG frei für etwas Neues!

Wenn man nun die Eigenschaften, nämlich Fantasie, Vitalität und Risikofreudigkeit, bereit ist, zur Anwendung zu bringen, vergrößert man die Weiterentwicklung seines derzeitigen Lebensabschnittes beträchtlich, wobei Fehleinschätzungen unvermeidlich, ja sogar nützlich sein können, denn auch die bringen uns weiter. Mir wurde nun eine feste Anstellung bei der Firma Fohr angeboten, die vor dem Krieg schon einen guten Namen hatte. Sie hatte es mit einem sehr tüchtigen Keramiker, der sich auf sogenannte Laufglasuren spezialisiert hatte zu einer sehr erfolgreichen Zierkeramik Firma gebracht. Mein Vater war nun dort Brennmeister, die Brennöfen wurden damals alle noch mit Holz und Kohle befeuert. Die Brenndauer ging über Tage und Nächte und die wichtigste Phase war die Letzte, denn von der genauen Temperatur hing Freude oder Leid ab. Gemessen wurde sie mit Hilfe von sog. Seger Kegeln, welche nahe der Innenwand vor einem Kuck Loch auf gestellt waren, durch dass man sie von Außen kontrollieren konnte. Diese Kegel bestanden aus unterschiedlichen Tonsubstanzen mit verschiedenen Schmelzpunkten. Es wurden immer 3 Kegel schräg in ein weiches Ton Blöckchen gedrückt mit jeweils 10°C unterschiedlichem Schmelzpunkt. Entsprechend darauf wurden auch die Lauf-oder Schmelz-Glasuren ausgerichtet. Hier trat nun mein Vater in Aktion, denn als Brennmeister war er Verantwortlich für einen gelungenen Brand. Ich war sehr oft dabei um ihm Essen zu bringen und verfolgte mit Ihm die letzte und wichtigste Brennphase.

Die Firma gehörte zwei Brüdern, Wilhelm und Alfred Fohr. Es gab Differenzen und sie betrieben eine Trennung, die dann auch unüberwindlich war, denn sie zogen mitten durch die Fabrik eine Mauer und waren in kürzester Zeit beide Pleite.
Ein Teil grenzte an die Fabrik meines Onkels Eduard Bay, der sie dann auch übernahm. Den anderen Teil belegte die Firma Jasba, die sie dann technich mit einem Elektro-Tunnelofen aufrüstete und ihre eigen Produkte dort fabrizierte. Bay Fohr und Jasba waren allen untereinander verwandt und halfen sich gegenseitig. Jasba bot dann 1953 Wilhelm und seinem Sohn Artur Fohr an, den Betrieb wieder zu übernehmen. Das taten sie und fingen an, neu zu produzieren. Mir wurde die Stelle als Modelleur angeboten. Ich zögerte keinen Augenblick, die bisherige gut bezahlte Tätigkeit gegen ein geringeres Gehalt, aber eine viel Interessantere Aufgabe zu tauschen und freute mich auf die Herausforderung, sehr zum Ärger meines Onkels. Es sollte nicht der letzte Ärger sein, von denen, die ich Ihm noch bereiten würde in meiner weiteren Entwicklung. Er schickte mir seinen Buchalter, der mir androhte, wenn ich bei Ihm aussteigen würde, bräuchte ich nicht mehr an seine Tür zu klopfen. Es nützte nichts, Drohungen verfingen bei mir schon lange nicht mehr. Ich hatte mich entschlossen und wollte unbedingt diesen Wechsel. Solche Situationen sollte ich noch öfter erleben, und es war jedes Mal schmerzhaft für beide Seiten.

Ein weiterer Mitschüler und Freund, ein exzellenter Keramikmaler, Oswald Kleudgen, war mit von der Partie. Ich brachte kurzfristig ein ganz neues Formen-Sortiment zustande, was sich total unterschied von dem, was bisher hier gefertigt wurde. Oswald hatte inzwischen einige Dekor-Vorschläge entwickelt. Wir suchten etwas Passendes aus und fertigten Muster-Stücke, die man der Kundschaft vorstellen konnte. Die Kunden waren begeistert, hauptsächlich die Engländer, und somit hatten wir aus dem Stand einen schönen Erfolg zu verzeichnen. Zur Legende wurde ich zunächst noch einmal dank meiner Kunstfertigkeit, durch Blasen mit einem Glasröhrchen und kleinen Tonkugeln auf vorübergehende Passanten aus meinem Fenster im oberen Stockwerk zu schießen und auch zu treffen. Einige Ge-und Betroffene marschierten erbost ins Büro, um sich zu beschweren und wollten den Schützen zur Rede stellen, man drohte mit Anzeigen. Darauf führte man die Wütenden in meinen Raum, der aber leer war. Der Schütze war inzwischen in den weiten Hallen der Fabrik verschwunden und daher nirgends zu sehen. Das Angebot, sich die Arbeiter anzusehen, war für sie zwecklos, denn sie hatten mich ja nicht gesehen, dadurch war eine Identifizierung unmöglich. Das war aber dann wohl auch die letzte Vorstellung aus meiner Jugendzeit.

1954 – Der Ernst des Lebens

Das Versprechen, das ich bei dieser denkwürdigen Kirmes, in dem schon leidlich erwähnten Bauerndorf, dem bekannten Bruder und dessen Schwester (besagter Cousine) gegeben hatte, war inzwischen eingelöst. Ich hatte sie alleine besucht, mit dem Resultat, das mein Leben von Grund auf verändern sollte. Die Enttäuschung mit meiner ersten Liebe bewahrte mich erst einmal davor, bei näheren Begegnungen mit dem anderen Geschlecht, Gefühle aufkommen zu lassen. Aber diesmal hatte ich es nicht ganz geschafft, unbekümmert zu verschwinden. Diese Schwäche sollte sich sofort rächen. Auf die inständige Bitte, um eine baldige Wiederkehr, konnte ich nicht standhaft bleiben und ließ Hoffnung zurück. Hoffnung ist eine nicht zu unterschätzende Kraft, die gebieterisch nach Erfüllung strebt. Ich hatte Angst davor, dass es doch etwas Ernsteres werden könnte, was ich aber im jetzigen Stadium unbedingt vermeiden wollte, denn ich war noch nicht so weit, meine Sonntags-Gruppe aufzulösen. Erst einmal machte ich den kläglichen Versuch, die Sache der Vergessenheit an den Hals zu hängen.

Aber da hatte ich besagte Hoffnung unterschätzt, denn nun kam mir ein Datum in die Quere in der Form einer Einladung mit der Bitte, zur kommenden Kirmes ins Haus der Geschwister zu kommen. Jetzt wurde es Ernst, denn wenn ich zusagte, musste ich gleichzeitig auch meine Gruppe an diesem für uns wichtigsten Tag, alleine lassen. Das hatte es noch nie gegeben. Aber irgendwie kam mir diese Situation nicht ganz ungelegen. Ich war älter als fast alle und vor allem auch reifer. und es war mir klar, diese Zeit der Unbekümmertheit konnte nicht immer so weiter gehen, denn alles hat seine Zeit, nichts bleibt wie es ist, alles ist in Bewegung. So fand ich also die Zeit reif, für einen weiteren Wechsel in meinem noch jungen Leben. Da mir dieses

Mädchen inzwischen wichtiger geworden war als das sonntägliche herumstrolchen auf den Dorf-Kirmes Festen der Umgebung, viel mir der Abschied nicht so schwer, wie ich befürchtet hatte, jedenfalls für mich. Aber für meine netten Jungen war das unvorstellbar, und sie trösteten sich in der Hoffnung, dass es sich um ein einmaliges Ereignis handle. Mir taten sie zwar Leid, denn es war eine tolle Zeit mit ihnen gewesen, mit immer irgendwelchen Überraschungen, die sich ganz spontan ergaben. Aber ich gestattete mir kein Bedauern. So konsequent wie ich mich von meinem Onkel gelöst hatte, betrieb ich jetzt auch diesen Wechsel. Denn eines hatte ich inzwischen schon lernen müssen: Inkonsequenz, ist immer die schlechteste Lösung, egal, um was es geht! Jedes Aufschieben von Problemen vergrößert sie nur.

Die Familie, bei der ich eingeladen war, bestand aus vier Personen, außer dem Bruder und der Schwester gab es noch ein kleines Mädchen und die Mutter, die mir mit verständlichem Misstrauen begegnete. Der Vater galt im Krieg als vermisst und ist nie wieder aufgetaucht. Die Mutter kannte mich nur als Knecht bei einem Bauern, und das war ja nun nicht die allerbeste Empfehlung, denn ihr war das Interesse, das Ihre große Tochter für mich entwickelt hatte, nicht verborgen geblieben. Also keine besonders angenehme Situation für mich, denn ich konnte weder reiche Eltern noch eine akademische Bildung vorweisen, was die große Tochter nicht im mindesten störte, denn sie sparte nicht an Sympathiebeweisen, auch den Bruder störte es nicht. Einen besonderen Status hatte ich schon zu bieten, ich besaß ja den wunderschönen Opel Kadett und war damit einer der ganz wenigen im Dorf, die ein Auto besaßen. Im Festzelt hatte ich ebenfalls bei den jungen Männern des Dorfes, keinen Beifall zu erwarten, Hatte ich doch schon einmal die Hübscheste, wenn auch nur für eine kleine Weile, für mich eingenommen, so dass keiner von ihnen danach Zugang zu ihr gefunden hatte. Sie nahm dann die Werbung eines Jungen aus einem anderen Dorf an und schied damit endgültig aus dem Angebot für eine Partnerschaft in diesem Dorf aus.

Ausgerechnet ich erschien nun wieder auf dem Angebotsmarkt und wie gehabt, wieder mit der Hübschesten, die durch ihre Mimik keinen Zweifel mehr aufkommen ließ, für wen sie sich entschieden hatte. Ich war spontan so angetan von ihr, dass ich leichtfertig den Emotionen freien Lauf ließ. Es war diesmal alles ganz anders als mit ihrer Cousine, keine Spur von Prüderie, wie damals. Wir versicherten uns nur stumm unserer gegenseitigen Zuneigung, aber ganz ohne Erotik. Wir waren so mit unseren Gefühlen beschäftigt, dass wir den Bruder ganz vergessen hatten, denn er war inzwischen ohne ein Wort verschwunden. Ich schaute meine Partnerin verständnislos an, da sagte sie mir etwas verschämt, der Bruder habe Scheu vor Mädchen. Das wollte ich nicht glauben, denn er war ein hübscher, kräftiger junger Mann mit blonden Locken. Ich nahm mir vor, ihm in puncto Mädchen etwas aus meinen diesbezüglichen Erfahrungen zu vermitteln. Denn bis zur unübersteigbaren Barriere der Sexualität, konnte ich mit diversen Regeln aufwarten.

Nun war der nächste Wechsel schon eingeläutet, und ich musste meinen jungen Leuten die Hoffnung nehmen, wieder mit Ihnen die Sonntage so zu verbringen wie gehabt, Es war zwar sehr traurig, aber ich konnte und wollte auch nicht mehr mitmachen, denn ich stand schon fest in einem neuen Anfang, den ich unbedingt weiter verfolgen wollte und, wie sich schon bald herausstellen sollte, auch musste. Ich verbrachte nun die Wochenende bei der Familie und konnte mir nicht mehr vorstellen, wo anders zu sein als bei ihr und allen anderen, die mich jetzt nicht nur akzeptierten, sondern auch mochten. Wir machten schöne Ausflüge mit meinem Wagen, und alles war eitel Sonnenschein.

DOCH: „Des Lebens ungeteilte Freude ..." usw. Die Mutter wurde krank, sehr krank sogar und wir bangten um ihr Leben. Kurz darauf bekam ich einen Anruf von einem Verwandten der Familie in meiner Firma, ich solle sofort kommen, die zwei Mädchen bräuchten mich und wollten sonst niemanden. DER BRUDER HÄTTE SICH AUF-GEHÄNGT UND WÄRE TOT! Da war ER, der Ernst des Lebens, der auch viel mit Verantwortung zu tun hat, Verantwortung, die von uns ein ganzes Leben lang in den vielfältigsten Formen erwartet wird, und der wir uns nicht entziehen können und dürfen, sonst kann man selbst nicht mehr froh werden! Ganz schlimm war, seine Schwester hatte ihn gesucht und einen Gehenkten gefunden, ein Bild, was sie wohl nie mehr loswerden würde. Was man nun von mir schlagartig verlangte, wurde mir erst nach und nach bewusst. Erst einmal das Unfassbare zu begreifen, was nicht zu begreifen war, dann die Mädchen ohne ihre schwer kranke Mutter in dieser Situation. Von mir wurden nun Handlungen verlangt, die auszuführen schon für reife Menschen an ihre Grenzen gehen kann, und ich war ja noch alles andere als erwachsen, war gerade noch ein grüner, un-bedarfter Junge gewesen.

Zugute kam mir nun, dass ich schon seit frühester Kindheit Verant-wortung für Kleinstkinder übernehmen musste. Und als mein Vater lange Jahre im Krieg weg war, einen Teil Verantwortung für meine jüngeren Schwestern übernahm, was ich auch mit großem Ernst tat. Aber das war ja nun überhaupt kein Vergleich mit dem, was mir nun hier bevorstand, denn da war ja auch noch meine Mutter, und ich war nicht allein mit den Geschwistern. Gut daran war nur, dass ich erst einmal keine Ahnung hatte von dem, was noch alles von mir verlangt werden würde. Nun war damals in so einem kleinen Ort die Dorfgemeinschaft noch so miteinander verknüpft, dass, wenn ir-gendetwas passierte, das ganze Dorf innerhalb von höchstens einer

Stunde Kenntnis hatte. Die Vermittlung begann immer mit dem gleichen Satz: HAST DU SCHON GEHÖRT, dass …?" Es blieb nie ein Geheimnis verborgen, und in der Angelegenheit, die mich so kurzfristig hierher geführt hatte, schon mal gar nicht. Das hatte nun aber auch seine guten Seiten, denn Nachbarschafts Hilfe war höchstes Gebot. Als ich ankam, war das Schlimmste schon getan, und ich brauchte mich nur um die total verstörten Schwestern zu kümmern. Der tote Bruder lag schon sauber aufgebahrt in einem Nebenzimmer, mit einem Bettlaken bedeckt.

Zuerst sorgte ich dafür, dass die kleine Schwester aus diesem Haus weg musste und bei Nachbarskindern, nach ihrem Wunsch, untergebracht wurde. Als das geregelt war, bedankte ich mich bei denen, die geholfen hatten und auch noch zu bleiben gedachten und bat sie dann, mich mit der Schwester des Toten alleine zu lassen, was ihnen gar nicht gefiel, denn sie hätten nun doch noch gerne gewusst, warum die Schwester ausgerechnet mich, statt eines Verwandten bei sich haben wollte. Dabei wäre dann unschwer zu erkennen gewesen, wie weit es denn bei uns mit der Beziehung schon sei. Als ich mit ihr alleine war und sie in die Arme nehmen wollte, hielt sie mich zurück und fragte mit zitternder Stimme: „Kommt mein Bruder jetzt an die MAUER?" Himmel und Hölle, daran hatte ich noch keinen Gedanken verschwendet, es gab Wichtigeres zu tun, so glaubte ich bis jetzt. Aber ehe ich mich damit beschäftigte, kam gleich die zweite Frage, auf die ich im ersten Moment genau so wenig antworten konnte, nämlich: „WER sagt es der Mama?" Ich nahm sie stumm in meine Arme und ließ sie nur weinen, weinen, weinen, während ich mir den Kopf zerbrach, was ich auf diese denkwürdigen Fragen antworten könnte. Also erst einmal die Mauer, das war ein harter Brocken! Der Bruder war nun damals nach Auslegung der Katholischen Kirche ein Selbstmörder, und ob Mörder oder Selbstmörder, sie kamen nicht in die geweihte Friedhofs Erde, sondern an einen ungeweihten Platz an der besagten Mauer, um für die Ewigkeit verdammt zu bleiben. So grausam konnte die Kath. Kirche damals noch mit den verzweifelten Menschen, die nicht mehr leben wollten oder konnten, umgehen. Denn wenn jemand soweit geht, sich umzubringen, dann muss es schon schlimm um ihn stehen, und dann auch noch mit der Verdammung strafen! Ebenso hart ging die Kirche damals mit den armen Hinterbliebenen um, sie waren schon unschuldig gestraft genug. Einen Selbstmörder in der Familie zu haben galt als Schande, und so etwas war eine Dauerbelastung, der man nicht entrinnen konnte.

Damals traten bei mir die ersten Zweifel an diesem lieben Gott und seinen Dienern auf, es sollten nicht die letzten sein! Da sich zu der üblichen nächtlichen Totenwache niemand einfand, bat ich einen jungen Mann aus der Nachbarschaft, die Nacht mit uns zu verbringen, um hämischen Verdächtigungen vorzubeugen. Wir redeten fast die ganze Nacht über die elementare Frage des „WARUM nur?" Ich konnte dabei keinen Beitrag leisten, aber der junge Mann meinte, der Bruder sei in Panik geraten, weil er fürchtete, seine Mutter, die er sehr liebte und sie ihn auch, würde sterben und ER die Last der Verantwortung nicht Schultern könnte. Da war ich der Meinung, es müssten schon mehrere Gründe gewesen sein, aber wir würden sie wohl nie erfahren und haben es auch nicht. Für mich war jetzt erst einmal wichtig, wer sagt es baldigst der Mutter, damit es Ihr nicht von einer hämischen Zunge hinter bracht würde? Schweigen. Da meinte der junge Mann, ich sei vielleicht der Richtige. Hallo, der Meinung war ich aber nicht und sagte erst einmal nichts mehr zu diesem Thema, denn ich hatte eine bessere Idee!

Meine Idee zielte stracks auf den Dorfpfarrer, der allerdings als ein sehr sittenstrenger Mann galt. Ich bat um eine Unterredung und da ich ja schon einmal ein halbes Jahr in diesem Dorf verbracht hatte und auch jeden Sonntag in der Kirche erschien, was ihm nicht entgangen sein konnte, bekam ich einen Termin. Dann stand ich vor ihm mit der dringlichen Bitte, der armen kranken Mutter, deren Mann ja immer noch als vermisst galt, als SEELSORGER diesen grausamen Schicksalsschlag mitzuteilen. Wer sonst käme dafür besser in Frage? Er runzelte die Stirne, da legte ich nach: „Jetzt, wo Gott diese arme Frau, die Ihren Mann schon verloren hat und nun noch einmal so gestraft wurde, kann doch nur ein Diener Gottes noch Zugang zu ihr haben, ehe sie sich der Verzweiflung hingibt, die ihren Tod bedeuten würde und zwei unmündige Kinder wären Vollwaisen. Nur Sie können das noch verhindern", sagte ich. „Gleichzeitig könnten sie ihr versprechen, dass ihr armer Junge eine würdige Bestattung erhält und nicht an der Mauer verscharrt würde." Er schwieg lange, dann schaute er mich an und sagte „Warum setzen Sie sich so für diese Familie ein." Ich sah ihn einige Augenblicke fest an und sagte: „ Man hat nach mir gerufen, die Mädchen wollten weder zu Nachbarn noch zu Verwandten, nur ich sollte zu ihnen ins Haus kommen, also erwarteten sie von mir Hilfe und Beistand, und deshalb bin ich jetzt hier". Er schwieg noch eine ganze Weile und sagte dann: „Wissen Sie, was sie da von mir verlangen?" Ich nickte mit dem Kopf und sagte leise:„Jaa, aber was würden SIE an meiner Stelle tun?" Er antwortete nicht und entließ mich offensichtlich verstört und verärgert. Das konnte nicht Gutes bedeuten. Da ich mich in der Kirchenhierarchie etwas aus kannte, grübelte ich darüber nach, wen ich im Dekanat ansprechen könnte, und wenn das nichts brächte, bis ins Bistum vorzudringen. Ich wollte um die Ehre dieses Hauses kämpfen und wenigstens nichts unversucht lassen. Wenn nichts klappte, würde ich dann aber meinen Austritt aus diesem Verein einleiten, als späte Rache sozusagen. Das ging mir alles durch den Kopf. Inzwischen war man aber nicht untätig gewesen und hatte den Toten Einsargen lassen und alle Anstalten für eine Beisetzung getroffen.

Nur blieb noch die Frage: Wohin? Das konnte nur der Pfarrer entscheiden. Eine Abordnung vom Kirchenvorstand wurde zu Ihm geschickt und – oh Wunder, Er war nicht nur schon bei der Mutter gewesen, um sie zu trösten, sondern versprach auch eine ganz normale Beisetzung. Wegen dem ungewissen Ausgang meines Unternehmens mit dem Pfarrer, hatte ich niemand etwas davon erzählt, weder vorher, besonders nicht nachher, und hielt mich im weiteren Verlauf bescheiden zurück. Möglicherweise wäre das auch ohne meine Intervention so gelaufen, aber da dies alles andere als gewiss war, freute es mich, etwas Ungewöhnliches versucht zu haben, auch im Hinblick auf ein Scheitern. Diese Erkenntnis hat mir im weiteren Verlauf meines langen Lebens, immer wieder etwas Ungewöhnliches, wenn auch mit unsicherem Ausgang, zu TUN, beim Weiterkommen geholfen. Bei dem Procedere, was nun folgte, wurde mir langsam erst bewusst, in welcher Situation ich mich hier befand und die ich, vor die Wahl gestellt, mir selber nie im Leben angetan hätte. Mir, noch vor kurzer Zeit in keiner Weise verbunden mit dieser Familie, wurde plötzlich die Stelle eines toten Bruders zugewiesen. Als solcher stand ich nun vor dem offenen Grab, zwei schluchzende Kinder links und rechts. Da wusste ich, dass für mich von nun an nichts mehr so sein könnte, wie es einmal war.

Also wieder einmal war ein Lebensabschnitt zu Ende und mit was für einer Endgültigkeit. Was nun kommen würde, schien mir jetzt schon fast entschieden. Und so war es, die Kinder wurden von der Verwandtschaft betreut, ich kam jedes Wochenende. Irgendwann fanden wir beim Aufräumen der Sachen des Bruders auf den Rand einer Zeitschrift gekritzelt einen Text, dessen Inhalt einem Vermächtnis nicht unähnlich war, er lautete: „LIEBER HEINZ, HILF MEINEN LIEBEN." Das konnte man schon in unserer jetzigen Situation als eine Bitte aus dem Jenseits ansehen! Nach einiger Zeit kam die Mutter wieder nach Hause, die mir dann noch ein grausiges Erlebnis bescherte. Als sie wieder einigermaßen auf den Beinen war, wollte sie unbedingt an das Grab ihres Sohnes. Wer anderes als ich sollte sie da hinführen, das war für alle selbstverständlich, für mich nicht, aber ich fand keine Einwände und brachte sie zum Grab. Sie schaute eine Weile hinab, hob dann den Kopf hoch, ganz nach hinten, blickte zum Himmel, und dann erscholl ein SCHREI ... wie ich ihn vorher noch nie gehört hatte (und auch nie mehr hören werde, hoffe ich). Er ging, wie man so schön sagt, DURCH MARK UND BEIN, über Berg und Tal, nicht enden wollend, bis ich so genervt war, dass ich sie fest am Arm packte und vom Grab weg zog und ab nach Hause führte. Mir fielen die Klageweiber ein, die früher gegen Bezahlung dafür eingesetzt wurden, die wären vor Neid erblasst. Erblasst war wohl auch ich, wie man man mir später erzählte.

Bei mir hatte diese Episode eine dreifache Wirkung, der ich gerne nachgab, wütend wie ich war, weil man mich ohne Warnung in den Vorhof der Hölle geschickt hatte, damit aber auch die Gefühle der Trauer merklich abgekühlt und mir die Gelegenheit eines schnellen Abgangs bescherte. Auf dem Heimweg beschlich mich auch noch der Verdacht, dass diese Grabschreie nur eine Demo waren, und ich nahm mir vor, so gut es ging, alles zu verdrängen, was mich belastete - und das war schon eine mittlere Menge.
In meiner Firma war einiges nicht fertig geworden, was ich begonnen hatte, das holte ich jetzt in Rekordzeit nach. Es entstanden zeitlos klassische, aber auch moderne Formen, die nach meinem Abgang (WECHSEL in eine andere Firma) dort noch viele Jahre lang, mit Erfolg weiter produziert wurden. Oswald entwickelte dafür passende Dekore. Diese nun entstandenen Objekte sollten mir nach über 60 Jahren noch einmal unter ganz besonderen Umständen, begegnen. Nebenher übernahm ich noch die Aufsicht über die Gießerei und

weitere Abteilungen, die mit der Herstellung der Rohlinge betraut waren. Da ging es vor allem um die Preisfindung für jeden Arbeitsgang. Dabei lernte ich auch die Gewerkschaften kennen, wenn die Arbeiter mit den Preisen nicht zufrieden waren, die ich vorgab. Da gab es dann hitzige Debatten und auch mal faule Kompromisse. Aber ich machte das alles mit Begeisterung, und die bedrückenden Erlebnisse rückten immer mehr in den Hintergrund. Als ich schon glaubte, das Ende dieser Episode geschafft zu haben, gab ein Junge aus der Nachbarfabrik im Büro einen Brief für mich ab. Er war natürlich von ihr. Nun stand ich an einer Wege-Gabelung, noch konnte ich wählen? Aber wie? Ich entschied mich dann für das Billigste, nämlich Hinauszögern, um Zeit zum Nachdenken zu gewinnen. Das hielt ich eine gute Zeit lang aus, bis dann wieder die obligate Kirmes-Einladung von meinem Bauern kam. Und dann bin ich in die Falle getappt.

1954 – Und dann war ich eine Familie

Danach ging dann alles ganz schnell. Und der Ernst des Lebens hatte mich schon fest im Griff. Es gab eine Hochzeit im aller kleinsten Kreis, fernab in einem kleinen Städtchen am Rhein. Danach, auf meinen ausdrücklichen Wunsch sofort zu einer Hochzeit-Reise in die Berge, es war Winter und richtige Berge und Schnee waren schon immer mein Traum. Unser Zug war ein Sonderzug für Winterurlauber, das gab es damals noch, mit lauter netten und lustigen Menschen, die das zum Teil schon einmal mitgemacht hatten und toll erzählen konnten. Ich saß schon lange nicht mehr neben meiner nun Angetrauten, lief nur herum vor lauter Vorfreude, bis mich ein Pantoffel am Kopf traf, der mir bekannt vor kam. Ich schaute mich nach ihr um und sie zeigte auf den leeren Platz neben ihr. Ach ja, das hatte ich ganz vergessen, ich war ja verheiratet mit einer hübschen Frau, also setzte ich mich wieder hin. Als wir (ich) dann kundtaten, dass wir uns auf der Hochzeitsreise befänden, blieb keiner mehr sitzen und ich konnte noch oft meinen Platz wechseln, jetzt viel es nicht mehr auf. Unser Ziel war Mittenwald, dort angekommen, wurden wir mit einer Blaskapelle empfangen, Das fanden wir toll. Dort standen noch viele Leute mit Schildern an einer Stange, auf denen Namen standen. Das war 1953, und es waren fast alles Privatquartiere. Unsere Namen fanden wir schnell bei einem netten jüngeren Mann, Er lud unser Gepäck in ein Hand Wägelchen und wir zogen los. Das Haus, das unser Quartier sein sollte, war ziemlich neu und sah gut aus in dem alpenländischen Stil, mit Räumen auch für Pensionsgäste.

Wir bekamen ein hübsches Zimmer, mit Balkon, schauten uns um und an, denn hier sollte nun unsere Hochzeitnacht ihre Erfüllung finden. Und da man keinem von uns etwas Aufklärendes über das WIE verraten hatte, sollten wir nun hier, unschuldig und unwissend wie wir noch waren, beides hier verlieren, durch Praktiken, die wir bisher geflissentlich gemieden hatten, dank der strengen katholischen Erziehung. Der erste Versuch war ein glatter Reinfall, und ich schämte mich für dieses unkontrollierte Gefummel. Für eine Fortführung dieser Aktion, war daher erst einmal kein Bedarf und wir schliefen ziemlich enttäuscht ein. Am nächsten Morgen erwartete uns ein sehr umfangreiches Frühstück. Als unsere Gastgeber unsere bedrückten Gesichter sahen, glaubten sie, das Frühstück gefiele uns nicht, aber wir wollten erst einmal unser Missgeschick beichten und erwähnten nebenbei, dass wir uns auf der Hochzeitsreise befänden und hier nun zum ersten Mal ZUSAMMEN geschlafen hatten! Da lachten unsere Gastgeber erleichtert und beglückwünschten uns ganz herzlich, dann fragten sie uns ungläubig, ob man keinen von uns darauf vorbereitet hätte. Wir schüttelten beide den Kopf und verneinten, doch das wollten sie nicht fassen. Aber nun bestanden sie darauf, dass wir erst einmal frühstücken sollten, wir zögerten, dann sagten sie, es sei alles in Ordnung, so wie es verlaufen sei, und sie würden sich nachher noch einmal mit uns darüber unterhalten. Nach dem Frühstück setzten sie sich zu uns und klärten uns ruhig und sachlich darüber auf, was wir da gestern versucht hatten und warum es misslungen war.

Da wir (ich) ja zum Skifahren hierher gekommen waren, schickte man uns jetzt zu einem Skiverleih, und sofort hob sich meine Stimmung und verdrängte diese unliebsame Episode. Mittenwald liegt im Karwendel Vorgebirge und ist nicht nur ein Wintersportort, sondern auch ganz berühmt für seine Geigenbaukunst, es hatte also viel zu bieten und das wollten wir jetzt genießen. Das Skifahren war damals noch kein Breitensport, sondern mehr etwas für die Einheimischen, die ja im Winter auch ausgiebig Gelegenheit dazu hatten. Als wir uns mit den erforderlichen Geräten beladen und einen Mann gefunden hatten, der uns das Nötige beibringen sollte. zogen wir zum Berg. den wir aber nicht erstiegen, sondern eine Anhöhe, die Idioten-Hügel genannt wurde und für Anfänger bestimmt war. Dort waren auch schon einige unserer Zugbegleiter, die sich mühten, den Hügel zu bezwingen - es sah kläglich aus. Aber ich hatte schon einige Erfahrungen mit meinen gestohlenen Brettern gemacht, allerdings immer nur geradeaus und es durfte nichts im Wege stehen, zu einer Kurve hatte ich es noch nicht gebracht, und das wollte ich jetzt hier lernen. Es gab weder einen Schlepplift noch eine präparierte Piste, da hatte man kaum eine Chance, eine Kurve zu fahren. Aber dafür hatten sich die Norweger etwas ausgedacht.

Unser Skilehrer fuhr vor und schrieb einige schöne Kurven in den Schnee und blieb stehen, winkte mir zu kommen. Das tat ich auch und fuhr schnurgerade auf ihn zu, ohne eine Hauch von einer Kurve, während er dauernd etwas wie „Kristeln" schrie. Um nicht um gefahren zu werden, rutschte er etwas zur Seite, und als ich an ihm vorbei fuhr, gab er mir einen leichten seitlichen Schubs, ich torkelte und landete im Schnee. Nun sollte mein armes Mädchen kommen, alle Lockrufe halfen nichts, sie rührte sich nicht von der Stelle, also marschierten wir zurück zum Startplatz. Nun kamen auch immer mehr aus unserem Reisezug und landeten reihenweise mehr oder weniger alle horizontal im Schnee, so wie ich. Da mein junges Frauchen nun Gesellschaft hatte, wollte ich unbedingt weiter machen und auch Kurven schneiden können. Was der Lehrer mit Kristeln meinte, war damals ein neues System beim Skifahren und hieß Kristiania, und dann gab es noch Telemark, alles aus Norwegen. Ich gab mir viel Mühe, aber zufrieden war ich nicht, jetzt sollte ich Kristeln , aber damit kam ich nicht weit und baute immer schönere Wannen in den Schnee. Als ich einmal aufschaute, sah ich zwei junge Frauen, die Füße in den Bindungen, hinten auf den Brettern sitzend, elegant den

Hügel hinunter rutschen, eine davon gehörte eigentlich zu mir. Das machte ihr offensichtlichen Spaß, aber ich war wohl ein schlechtes Vorbild gewesen und sie hatte jemand gefunden, dessen Methode ihr besser gefiel. Ich mühte mich mit Kristiania und Telemark-Schwung, während meine Lebensgefährtin Ihren Stil beibehielt und das im Gegensatz zu mir mit sichtlicher Freude.

Auf dem Heimweg kehrten wir in einem schönen alten Gasthof ein und vertilgten eine gewaltige Brotzeit, und ein ebensolches Bier dazu. Als wir uns wieder in den Betten zusammen fanden, begannen wir nach einigem Zögern, auszuprobieren, was man uns als Anfangsbeschäftigung, als das Erotisieren geraten hatte, was freilich weiter nichts war als ein zärtliches gegenseitiges Streicheln, was wir uns immer strengstens versagt hatten (aus bekannten Gründen, um nicht in die Nähe der Hölle zu geraten) und es jetzt so wunderbar empfanden. Und, oh Wunder, meine Mehrzweckwaffe gewann plötzlich an Festigkeit und das gegenseitige Streicheln. jetzt in den erogenen Zonen, beschleunigte die Begierde, noch inniger zusammen zu kommen, und so gelang uns jetzt mühelos, was gestern total und buchstäblich danebengegangen war. Nun waren wir wirklich miteinander verheiratet und strahlende Gesichter erschienen nun am Frühstückstisch, auch unsere Gastgeber strahlten und gratulierten uns noch einmal ganz herzlich.

Zum Skifahren hatten wir danach keine große Lust mehr und schauten uns nun einmal das wunderschöne Dörfchen an, dass ja noch mehr zu bieten hatte als Berge und Schnee, nämlich Geigenbauer und ihre Instrumente. Was ist so eine Geige für ein Kunstwerk und was für wunderschöne Töne man damit zaubern kann, aber auch wie schwer ist es, ihr die Töne harmonisch zu entlocken. Mein Mädchen war damit gar nicht zu begeistern, denn man hatte sie als Kind mit

Geigenstunden malträtiert, und sie hatte die Mutter so lange mit ihrem Gekrächze derart genervt, bis die grauslichen Übungen für beide ein Ende hatten. Nach einigen weiteren und fehlgeschlagenen Versuchen, als perfekter Skifahrer nach Hause zu kommen, stellten wir uns nur noch einmal für den Fotografen auf Skiern in Positur, um zu Hause zeigen zu können, wo wir gewesen und was wir getrieben hatten. Dann war mit dem Skifahren für mich 25 Jahre Pause, und ich begann dann erst wieder damit in den Dolomiten. Aber bis dass es so weit war, war mein Leben immer noch so spannend und voller Überraschungen - wie bisher gehabt sollte es auch noch weiter bleiben.

Nun waren wir wirklich miteinander verheiratet! Die endgültige Bestätigung ließ nicht lange auf sich warten, denn, die elementare Unterweisung für eine Hochzeitsnacht, wurde zu einer Erfolgsgeschichte in der Form, das wir schon bald bis drei zählen konnten, und wir dachten, nun sei die Familie komplett, Aber es dauerte nur ein und ein halbes Jahr, da waren wir vier. Man hatte mich zwar in dem Dörfchen seit dem Tod meines nun Schwagers als gleichwertig anerkannt, aber es fiel mir immer schwerer, mich dort ein zu leben oder gar anzupassen. Echte Probleme gab es aber dann, als ich mich weigerte, sonntags wie üblich in die Kirche zu gehen. Das fand aber nun bei meiner Schwiegermutter absolut kein Verständnis. Ich wählte dann als Ausweg die Flucht nach Baumbach zu meinen Eltern. Damit wurde mein Wunsch immer stärker nach einer grundsätzlichen Veränderung. In meiner jetzigen Firma sah ich eh kein weiteres Fortkommen.

1955 – Scheurich

Also wurde ich in aller Stille mal wieder aktiv, studierte die Fach-
presse, fand zwei Stellenangebote, die für mich in Frage kamen und
avisierte einen Besuch. Als ich das meinem Freund und Kollegen
Oswald Kleudgen eröffnete, wollte er nicht glauben, dass es mir damit ernst wäre. Meinen Vorschlag, zu dieser Vorstellung mitzukom-
men, lehnte er ab. Aber als der Zeitpunkt für die Reise kam, hatte ich
ihn soweit bearbeitet, dass er dann doch mitkam. Wir sahen uns die
Firma an und fanden auch den Inhaber sehr angenehm. Ich war beeindruckt von dem Stand der technischen Anlagen und für mich
stand fest, hier will ich hin. Beim Abschied drückte uns Herr Scheurich jedem ein silbernes Fünfmarkstück in die Hand und sagte, er
würde sich freuen, wenn wir eine Zusage machten. Die Ankündigung
des Ortswechsels kam, wie erwartet und wie auch bei Oswald
Kleudgen, denkbar schlecht an. Was in unserm Fall weitaus dramati-
scher war. Die Schwiegermutter, inzwischen stolze Oma von zwei
Enkeln geworden, sollte nun nicht weniger als ihre Tochter, die beiden lieb gewonnenen Enkel und den Mann ihrer Tochter, den sie
inzwischen schätzen gelernt hatte, verlieren, denn wir verzogen ja
nicht in einen Nachbarort. Und nun blieb sie mit ihrem jüngsten Kind
allein.

Jetzt muss ich beiden Frauen ein Lob aussprechen. Als sie merkten,
dass es für mich wichtig und dass es mir Ernst damit war, hat keine
einen Widerspruch mehr eingelegt, zumal ich ihnen versichern konnte, dass sich erst einmal nur ändern würde, dass ich nur an den Wochenenden bei Ihnen sein könnte, Die Firma hatte uns, Oswald und
mir, zu jedem Wochenende einen vollgetankten Firmenwagen zuge-
sichert, damit konnten wir unsere Familien besänftigen, bis wir wieder zusammen waren. Da ich ja auch jetzt jeden Werktag außer Haus

war, machte das kaum einen Unterschied. Ohnehin hatte ich vor, erst eine Umsiedlung zu inszenieren, wenn ich sicher war sein konnte, dass meine Entscheidung richtig war, denn ich hatte die Option meiner noch jetzigen Firma, jederzeit zurückkommen zu können, das galt ebenso für Oswald. Für unsere Noch-Firma war das ohnehin ein herber Verlust, der sich so schnell nicht ersetzen ließ. Und tatsächlich, wir waren noch gar nicht lange weg, da kam schon eine Anfrage, ob wir nicht doch noch zurückkommen wollten? Wir wollten nicht. Vorerst wohnten Oswald und ich in einem Gasthaus neben der Firma, wo wir auch unser Essen bekamen. Als ich dann in Rekordzeit ganz neue Gefäße fertiggestellt hatte und Oswald passende Dekore dafür anfertigte, war unsere Verkaufsabteilung und auch die Vertreter, die das Zeug ja auch verkaufen mussten, begeistert. Vor allem aber darüber, dass sie mit diesen Artikeln eine ganz neue Käuferschicht bedienen konnten. Als das nun alles so gut lief, war ich sicher, hier zu bleiben und meine Familie hierher zu holen.

Ich ließ in der Firma fragen, ob jemand eine Wohnung für uns wüsste, für eine Familie mit zwei kleinen Kindern. Nach einigen Tagen kam eine Frau zu mir und meinte, sie wüsste etwas Passendes, aber das sei zwei Orte weiter und ich müsste jeden Tag mit der Bahn fahren, so wie sie jetzt auch. Ich wartete noch, ob etwas Besseres angeboten würde, wurde aber nicht, also fuhr ich mit der Frau nach Hause und sie führte mich in einen ziemlich großen Lebensmittelladen und stellte mich vor. In dem Laden war eine noch junge Frau und wir merkten beide sofort, ich mochte sie und sie mochte mich, das war schon die halbe Miete. Sie zeigte uns dann die Räume, es waren genau so viele, wie wir brauchten, mit einem Blick auf den Main und gegenüber ein Weinberg, gekrönt von einer Burgruine, eine geradezu bezaubernde Aussicht. Und dann das wunderschöne Städtchen Klingenberg, berühmt für seinen exzellenten Rotwein. Die Wohnung war neu und bezugsfertig. Weil sie im dritten Stock lag, war sie sehr preiswert, und ich sagte zu der netten Frau, wir werden sie nehmen. Mit einem firmeneigenen LKW und einem Fahrer wurde kurzfristig der Umzug vollzogen. Allzu viele Möbel hatten wir noch nicht und mit Oswald und den Vermietern schleppten wir die Habseligkeiten drei Treppen hoch und verteilten sie mit Hilfe der Hausbesitzer in die verschiedenen Räume.

Am nächsten Wochenende nahm ich auf der Rückfahrt die Mutter meiner Kinder mit in ihre neue Heimat, ohne Kinder, die blieben erst einmal bei der Oma. Außer unserer Hochzeitsreise war sie noch nie weiter weg gewesen. Ihr Heimweh schlug schon zu, da hatte sie die Wohnung noch kaum in Augenschein genommen. Als ich ihr stolz und begeistert die Aussicht auf diese herrliche Umgebung zeigte, da flossen schon die ersten Tränen. Was soll denn das, war meine verblüffte Frage, denn ich hatte ja doch etwas anderes erwartet als Tränen. Als nach langem Zögern endlich die Antwort kam: „ Hier sind ja lauter ROTE DÄCHER"!, haute es mich fast um und mir wurde schlagartig klar, ich bin mit einem total unreifen Kind verbunden. Bei Ihr zu Hause mit der Mutter in der gewohnten Umgebung, fiel mir das gar nicht auf.

Mein erster Gedanke war, ich bringe sie wieder nach Hause, denn hier mit zwei kleinen Kindern ohne die Mutter in einer völlig neuen und unbekannten Umgebung (ohne schwarze Dächer auf den Häusern) und ich bin den ganzen Tag weg, war sie total hilflos, und ich war nun fast sicher, dass ich für den Rest meines Lebens mit einem sehr hohen Verantwortungsgrad behaftet sein würde. Genau dass hatte mich ja in diesen, von mir gar nicht geplanten Zustand versetzt! Das wurde mir jetzt mit schäbiger Klarheit bewusst. Ich hatte nicht zwei Kinder sondern drei (und das Vierte sollte noch HIER eingeführt und geboren werden)! Spontan fielen mir unsere Vermieter ein, mit denen ich mich inzwischen schon angefreundet und die sich schon auf meine Frau und die Kinder gefreut hatten. Ich stieg die drei Treppen runter und erzählte der Frau - zwar nichts von den roten Dächern - aber von dem übermächtigen Heimweh. Sie kam sofort mit mir hoch und den Göttern sei Dank, die Beiden mochten sich spontan so wie es auch bei mir gewesen war. Sie nahm sie wortlos in die Arme und ließ sie schluchzen und gab mir ein Zeichen, mich zu entfernen, was ich mit gemischten Gefühlen tat. Als sie gemeinsam zu mir kamen, hatte sich mein (drittes) Kind beruhigt. Die gute Frau merkte sofort, dass auch ich nun ziemlich verstört war, denn sie hatte mich nur als heiteren, frohen Menschen kennengelernt und fand aufmunternde Worte nun auch für mich. Ich hatte es bitter nötig, denn diese Last der Verantwortung würde ich wohl noch eine sehr, sehr lange Zeit tragen müssen, und für Freude würde da kaum Raum sein. Es gab sie aber dann doch noch.

Mein treuer Freund Oswald lebte nun alleine in dem Gasthof, was in der Woche nicht so schlimm für ihn war, aber am Wochenende war er allein. So lud ich ihn ein, den Sonntag mit uns zu verbringen, und alle meine drei Kinder freuten sich über den Besuch, was er dankbar an nahm. Er mochte die Kinder und sie ihn, und sie vermissten ihn sehr, als er eine Betriebswohnung bekam und seine Frau wieder bei Ihm war. Seitdem wurde er bei uns nie mehr gesehen. Seine Frau lehnte den Kontakt mit uns strikt ab. Sie warf mir vor, ihn verschleppt zu haben, (so ganz unrecht hatte sie nicht). Nach der Geburt unseres dritten Kindes wurde es nun doch etwas eng in der Wohnung, und das dritte Stockwerk begann etwas mühsam zu werden. Ich bekam dann von der Firma ein hübsches ehemaliges Lehrerhaus mit einem schönen Garten an einem Bach gelegen. Dort konnten wir angenehm meine noch verbleibende Zeit bei Scheurich verbringen. Oswald und ich machten nun hier so weiter, wie wir es auch bei Fohr getan hatten, und auch hier blieb der Erfolg nicht aus.

Ich lernte inzwischen einen Refa-Mann kennen, der mich neugierig machte und mir riet, einen Kurs „Arbeitsablauf-Studie" zu absolvieren, Da ich ja von Fohrs her die Probleme mit der Arbeitsteilungs-Preisfindung kannte, sagte ich sofort zu. Und nun kam eine Phase für mich, die ich nicht missen, aber auch nicht noch einmal erleben möchte. Einen Betrieb, der seine gesamte Produktion auf Stundenlohn eingestellt hat, was ja die einfachste Sache der Lohnfindung überhaupt ist, umzustellen auf Stücklohn, vereinfacht ausgedrückt: Jeder Handgriff wird zeitlich bewertet. Das geht nicht ohne ein Zeit-Messgerät, nämlich eine Stoppuhr, die von der gesamten Belegschaft mit äußerstem Misstrauen empfangen wurde. Es bedurfte erst einmal einer gründlichen Aufklärung, damit ich diese Tätigkeit überhaupt erst beginnen konnte. Es gelang mir dann aber doch, ganz behutsam etwas Ähnliches wie Vertrauen aufzubauen. Es war eine hochinteressante, wenn auch keine angenehme Aufgabe, denn ich hatte ja nicht nur die Arbeiter gegen mich, sondern die einzelnen Abteilungsleiter fürchteten Mehrarbeit, was ja auch zutraf. Als ich das zu Ende gebracht hatte und die Geschäftsleitung endlich mit genauen Kosten kalkulieren konnte, hatte ich es zum best gehassten Mann bei der Belegschaft in dieser Firma gebracht, im Gegensatz zu dem Ansehen bei der Firmenleitung, die das auch honorierte.

Den geringen formalen Anforderungen an Entwürfen und Ausführungen hatte ich nebenher. problemlos Genüge getan und sah für mich jetzt keine beruflichen Verbesserungen mehr in dieser Firma. Und da ich immer noch relativ jung war, wollte ich nicht hier auf die Rente warten, denn ich strebte noch etwas ganz Besonderes an. Also war nun wieder eine Veränderung fällig, die ich dann auch schweigend einleitete und schließlich perfekt machte. Das Schwierige kam, als ich es Oswald sagen musste. Erst wollte er es wieder nicht glauben, ich hätte doch eine Top-Position in der Firma, warum denn irgendwo neu anfangen. Als Er merkte, dass es mir mal wieder Ernst war, wollte er spontan mit mir kommen. Die neue Firma, die ich anpeilte, hieß CARSTENS und hatte qualitativ einen besseren Namen. Dies war auch einer meiner wichtigsten Gründe. Scheurich galt immer noch als Billiganbieter für Schausteller. Ich versprach, Ihn dann kommen zu lassen, wenn ich mich dort etabliert hätte. Das sah er ein. Weil man mir die Organisation über den gesamten Produktionsablauf übertragen hatte, was mir gar nicht passte, war auch das ein Grund, das Feld hier zu räumen. Ich wollte gestalten, aber nicht verwalten, und das sollte meine Aufgabe in der neuen Firma sein. Inzwischen rückte der Tag näher, an dem meine fristgerechte Kündigung ausgesprochen werden musste, damit ich am 01.07.1959 in der neuen Firma anfangen konnte - so war es mit dem Chef Christian Carstens abgesprochen. Am 30.05.1959 sagte ich während eines Gespräche mit Herrn Scheurich : „Übrigens, ich kündige." Er sah mich sprachlos an und sagte dann: „Ich nehme die Kündigung nicht an!"

1959 – Carstens Tönnishof

In der neuen Firma angekommen, sah es am Anfang gar nicht so aus, dass ich mit diesem Wechsel eine richtige Entscheidung getroffen hatte, denn Carstens hatte mir verschwiegen, dass die Chefdesignerin in dieser Firma seine Mutter war, und damit nicht genug, stellte sich heraus, dass der Vater, der gestorben war, meinem jetzigen Chef, dem Sohn also, nicht zugetraut hatte, die Firma allein zu führen und Ihm einen Direktor seines Vertrauens an die Seite gestellt hatte, ohne den der Sohn keine Entscheidung treffen konnte. Und die Entscheidung, mich einzustellen, war ohne dessen Zustimmung erfolgt. Der erschien prompt an meinem ersten Tag, und ohne sich vorzustellen sagte er zu mir: „Na, trauen Sie sich auch in diesen Hexenkessel?" Ich überflog meine Chancen, zurück zu gehen zu Scheurich, die mir beim Abschied die Zusicherung gegeben hatten, mich jederzeit wieder einzustellen! Dann sagte ich zu dem Mann, von dem ich nicht wusste, wer er war und in welcher Position er sich befand: „Das ist zwar etwas anderes als ich gewohnt bin, aber man sollte, um weiter zu kommen, immer mal etwas Neues versuchen, das hat sich bisher bei mir immer als richtig erwiesen, also steig ich jetzt einmal in einen Hexenkessel, immerhin wird man dort nicht frieren."

Der Raum. der mir zugewiesen worden war, gefiel mir, er hatte gleich zwei Drehscheiben, einen Schreibtisch und etliche niedere Schränke, für mich schon luxuriös, denn bei Scheurich hatte ich nur eine Drehscheibe und einen Tisch in der Formen-Gießerei in einer Ecke. Der Raum nebenan hatte einen Durchbruch, damit ich die Einrichter ständig im Blickfeld hatte, um Anweisungen zu geben und Fragen zu beantworten, auch neu für mich. All das gefiel mir ausnehmend gut, Jetzt kitzelte mich der Ehrgeiz, und ich streichelte mein Selbstwertgefühl. Was hatte ich nicht alles schon getrieben, seit ich heil aus dem Krieg gekommen war. Angst machen hat schon bei mir als Kind das Gegenteil bewirkt. Diese Wirkung konnte ich augenblicklich in Anwendung bringen! Es klopfte an der Tür und auf mein „Herein" kam ein Einrichter von nebenan, stellte sich mit „Scholz, Modelleur" vor! „Und warum sind sie bei den Einrichtern?", fragte ich. „Wir haben doch schon einen Modelleur", sagte er herausfordernd. „Und wo ist der?" „ Ganz oben, wo auch Mutter Carstens ist", kam es dann etwas hämisch aus ihm heraus. „Und was glauben Sie, warum ich hier bin?" Er hob die Schultern und ging grinsend hinaus. Jetzt fing der Kessel doch langsam an zu dampfen. Ich sah das Telefon auf dem Schreibtisch und überlegte. Das war schon ein Hammer. Jetzt wurde mir klar, warum der junge Chef solchen Wert darauf gelegt hatte, mich in seine Firma zu holen. Er brauchte Hilfe, das bestätigte sich, als ich immer mehr darüber erfuhr, Wie und Was sich hier abspielte. Es gab also zwei gleichberechtigte Chefs, die sich nicht grün waren, infolgedessen gab es in der Firma zwei Parteien. Für mich war das von Anfang an hör- und spürbar, nämlich solche die mich grüßten und die Nicht-Grüßer. Ich ließ mich aber davon nicht beirren und grüßte alle, und immer zuerst. Das machte Eindruck, und bald wurde ich von allen problemlos gegrüßt. Aber jetzt wollte ich trotz alledem hier bleiben und würde darum kämpfen, statt mich bei meinem jungen Chef zu beklagen, Denn ich mochte Ihn, er war der erste Chef, der mir von Anfang an sympathisch war. Ich ließ mir gar nichts anmerken von dem, was ich erfahren hatte und tat so, als wenn mich das alles, was hier ab lief, gar nichts anging.

Die Carstens kamen alle aus dem Osten, wo sie etliche sehr gute Keramik-Fabriken besaßen, die aber alle enteignet wurden. Der Vater von Christian, Ernst Carstens ging dann in den Westen, in die englische Zone, weil seine Tochter dort bei den Engländern als Dolmetscherin tätig war und gute Beziehungen zu der Besatzungsmacht hatte. Die empfahlen Ernst Carstens, das alte Töpferdörfchen Fredelsloh und dort in der Nähe eine ehemalige Segelflugschule mit zwei großen Scheunen, die Tönnishof genannt wurden, als Fabrikationsräume für Steingut-Geschirre, die damals überall gebraucht wurden. Sie halfen auch beim Aufbau weiter. Somit war Carstens, als ich dort antrat, in der Hauptsache eine Geschirrfabrik, die als Nebenfach auch etwas Zierkeramik herstellte. Da mir das Angebot der Carstens Zierkeramik von den Messen bekannt war, hatte ich mir inzwischen schon Gedanken über ein Alternativ-Programm gemacht. Da war auch noch einiges aus meiner Scheurich-Zeit dabei, was aber nicht zur Ausführung gekommen war. Ich konnte also gleich loslegen. Als ich drei Objekte fertig hatte und den Männern nebenan sagte, die hätte ich nun gerne gleich abgegossen (Negative abgeformt), sagten sie mir verlegen, sie hätten noch dringliche andere Aufgaben. Gut, wenn das so ist, dann werden wir erst einmal die Dringlichkeiten prüfen, und ich ließ per Telefon MEINEN Chef kommen. Der sah die drei neuen Modelle und glaubte, die hätte ich mitgebracht. Die seien eben hier und heute fertig gestellt worden, erklärte ich. Die Männer nebenan könnten es bezeugen. Er schaute rüber, sie nickten eifrig. Aber es gibt ein Problem, war mein Einwand. Das Problem war schnell keines mehr, und die Losung ausgegeben, meine Objekte hätten Vorrang vor allem andern.

Die Männer hatten aber immer noch Bedenken und gaben mir zu verstehen, da käme ja nun bald auch wieder die Mutter vom Chef, und die arbeitete mit dem Modelleur im oberen Stockwerk, und was der machte, müssten sie ja dann auch abgießen. Also war noch ein Problem zu lösen, und da wir gerade dabei waren, bat ich den Chef um einen Termin, diesmal in seinem Büro. Denn für Ihn wurde es jetzt peinlich, das hatte er mir verschwiegen, und nun wurde es ernst für uns beide. Er ahnte, was nun kommen würde und erwartete Vorwürfe. Es kamen aber keine, statt dessen machte ich ihm Vorschläge, die er nicht erwartet hatte, nämlich am Wochenende sämtliche Vertreter hier zu versammeln, ich traute mir zu, bis dahin ein neues Sortiment, so ca. 12 Stück, fertigzustellen und sie den Herren zu präsentieren. Dabei könnten sie ihre Meinung über die Verkäuflichkeit und auch Vorschläge machen. Das hatte zwei Vorteile, Sie waren eingebunden in die Entwicklungs-Gestaltung und würden beim Kunden auch zu diesen Produkten stehen und mehr Erfolg haben, zum Nutzen für alle Beteiligten. Das hatte ich bei Scheurich schon mit Erfolg praktiziert.

Christian Carstens und ich waren gleichaltrig und mochten uns von der ersten Begegnung an. Aber von diesem Tag an, wurden wir Freunde fürs Leben, nicht nur für die Zeit meiner Mitwirkung in dieser Firma, von 1959 bis zu einer fast tragischen Trennung 1967. Und auch noch danach bis zu seinem frühen Tod. Aber nun will ich erst einmal die dort noch zu verbringenden Jahre beschreiben. Es war die zweitbeste Zeit in meinem Leben. (Meine beste kam erst danach). Als ich mir den Produktionsablauf (mit meinen Refa Kenntnissen) in der Firma ansah, fiel mir als erstes auf, dass alle Ware zweimal gebrannt wurde, als Roh-und-Glattbrand, das war mir neu. Und auf meine Frage warum, erhielt ich die Antwort: Weil das doch immer so war, anders ginge es doch gar nicht,. Soso. Habt Ihr es versucht? Nein, wozu? Dann versuchen WIR es jetzt. Der Versuch gelang und ab sofort wurde nur noch das EINBRAND-Verfahren ausgeführt, was eine enorme Kosten-Ersparnis brachte, die diese Firma zurzeit bitter nötig hatte. Und danach veränderte ich noch einige Arbeitsabläufe, die Verbesserungen brachten und festigte somit meinen Status in dieser Firma immer mehr, was mir ganz wichtig war, denn es galt, noch eine ganz harte Nuss zu knacken.

Das Thema Mutter Carstens blieb mir erst einmal erspart, sie war noch bei Verwandten, die man gebeten hatte, sie noch eine Weile dort zu halten. Man hatte Ihr natürlich schon hinterbracht, dass da unten ein sehr emsiger und schneller junger Mann am Werkeln war und auch schon einiges verändert hatte in der Firma (Einbrandverfahren). Für Christian Carstens war es nun ein großes Problem, für das niemand eine Lösung sah, und ich ahnte, die Lösung blieb an mir hängen. Ich hatte auch keine Bedenken, es nicht zu schaffen, das hatte ich bei Scheurich gelernt, wo ich hunderte von .Arbeitsplätzen verändert, oder überflüssig gemacht hatte und die übrigen Arbeiter nur dass bezahlt bekamen, was sie wirklich geleistet hatten. Da blieben Proteste nicht aus, sie waren Normalität! Aber so einfach wie ich es mir gedacht hatte, wurde es dann doch nicht. Meine Vorstellung war, die Dame konnte dort oben mit Ihrem Modelleur wie gehabt in Ihrer Art weiter arbeiten. Aber der Plan ging nicht auf. Als sie sah, was inzwischen schon entstanden war und in welcher Zeit, ging Sie zu Ihrem Sohn und erklärte Ihm: Ich will nicht mehr mit dem J..., ihrem Modelleur, arbeiten, ich will nur noch mit „dem Siery" arbeiten! Dass hatte er befürchtet und versuchte Ihr davon abzuraten mit der Begründung, dass ich die Modelle, die ich mache, auch selber entwerfe und mit gut verkäuflichen Objekten in anderen Firmen schon Erfolg gehabt hätte. Aber Sie weigerte sich strikt, mit Ihrem Modelleur weiter zu arbeiten. Dann kam sie zu mir, war ausnehmend höflich und nett, erzählte mir endlos ihre Vita. Am nächsten Morgen kam sie wieder und meinte, wir könnten doch wunderbar zusammen arbeiten! Mein Einwand, ich könnte bei meiner Arbeit niemand gebrauchen, schon gar keinen, der mir Vorschläge macht, Ideen hätte ich selber genug, worauf sie meinte: Man könnte es doch einmal versuchen.

Nun wurde es ernst. Ich hatte gelernt, dass der erste Verdruss besser ist als alle faulen Kompromisse, die durch Inkonsequenz entstehen.

Also marschierte ich jetzt zu meiner Chefhälfte, Christian Carstens, und stellte Ihn vor die Wahl, entweder lässt mich seine Mutter alleine weiter arbeiten, wie gehabt, oder dass hier war nur eine kurze Gast-Rolle für mich. Er machte gar keinen Versuch, mich umzustimmen, sondern sagte nur: Ich bringe das in Ordnung. So geschah es, und Sie hat nie mehr meinen Arbeitsbereich betreten. Nun musste man noch eine Lösung für Ihren Modelleur finden. Im Gegensatz zu Mutter Carstens, tat der mir Leid, Sie wollte unbedingt noch mitmischen, und dieser Mann fühlte sich von Ihr schnöde im Stich gelassen. Mein Vorschlag war, wir holen ihn hierher nach nebenan, und er kann nach meinen Vorschlägen besonders komplizierte Objekte machen, die man speziellen Fachgeschäften anbieten kann, das täte auch dem Image der Firma gut. Der Vorschlag wurde angenommen. Inzwischen hatte man von unseren Glasur-Leuten Farbmuster machen lassen, einige wurden ausgewählt und auf die neuen Modelle angebracht, die dann den Vertretern vorgestellt wurden.

Dabei gab es aber nun heftige Diskussionen, denn jeder hatte einen eigenen Bezirk und kannte den Geschmack seiner Kunden. Denn was die Hamburger mochten, brauchte man den Münchnern gar nicht anzubieten usw. Dabei ging es nicht so sehr um die Formen, als um die Farben. Aber mit weiteren Farbmustern, die auch schon vorsortiert waren, konnten wir sie zufriedenstellen. Dann kam, für mich, zeitlich sehr gelegen, die Herbstmesse in Frankfurt! Es wurde nicht der Erfolg, den ich gerne gesehen hätte, doch das konnte auch gar nicht sein, denn Carstens war ja in der Branche immer noch eine Geschirrfabrik mit einem kleinen Anteil von Zierkeramik. Immerhin waren unsere Vertreter zuversichtlich, denn es hatten sich etliche Großhändler interessiert gezeigt und auch Muster bestellt. Und wie sich dann herausstellte, im Nachhinein noch gut verkauft. So gesehen, war es dann doch noch ein Erfolg, und mit Feuereifer stellten wir uns auf die Frühjahrs-Messe ein. Es wurde erst einmal nicht nur das sogenannte Normalsortiment ergänzt, sondern auch nebenher noch Sonderserien mit eigenen Formen und Dekors erstellt. Mit Hilfe der Vertreter erzwangen wir auch einen neuen Messestand und konnten uns auf der nächsten Messe über einen Überraschungserfolg freuen. Das war der Durchbruch, der Großhandel hatte angebissen. Freilich erlitt der Geschirrsektor einen Einbruch nach dem anderen. Dass konnten wir so schnell mit der Zierkeramik nicht auffangen. Hinzu kam, dass der Betrieb überbesetzt war und viel zu hohe Kosten verursachte und die Banken weitere Kredite verweigerten. Damit stand eine Insolvenz ins Haus.

Dafür war nun Herr Direktor Marx zuständig. Um sich diese Blamage zu ersparen, bot er die sofortige Kündigung an und wollte die Firma ohne weitere Bedingungen verlassen. Nun wurden gleichzeitig etliche seiner Schützlinge frei gesetzt und an die übrige Belegschaft appelliert, soweit möglich, die entstanden Lücken zu ersetzen. Das gelang reibungslos, und die Banken gaben erst einmal Ruhe. Inzwischen war wieder ein neues Formen-Sortiment mit passenden Glasur-Dekoren entstanden, das speziell für den Fachhandel bestimmt war. Wir nannten sie Carstens-Atelier-Keramik, die immer weiter ergänzt wurde, in Form und Farbe.
Jetzt zeigte der Filterkaffee Hersteller MELITTA, der sich auch eine Keramik Produktion aufgebaut hatte, Interesse und hätte Carstens, mit dem es finanziell nicht zum Besten stand, gerne übernommen. Mit den Banken hatte er schon Kontakt aufgenommen, die diesen Besitzwechsel nicht ungern gesehen hätten.
Unsere Großhändler waren verärgert darüber, dass wir jetzt auch die inzwischen entstandenen großen Warenhäuser bedienten, was der Fachhandel uns sehr übel nahm, weil dort die gleiche Ware von Carstens billiger angeboten wurde. Wir haben dann auf die Schnelle be-

schlossen, für unseren Groß- und Fachhandel ein je eigenes Sortiment zu entwickeln. Da dieser Vorschlag auch von mir kam, war ich ja erst einmal gefordert, aber auch hochmotiviert, Melitta Paroli zu bieten. Während des folgenden Wochenendes hatte ich bis Montag ein fast schon komplettes neues Formen-Sortiment. erstellt. Die Großhändler waren begeistert und damit konnte man auch die Banken noch einmal beruhigen. Somit war MELITTA außen vor. Mit dem Ausscheiden von Dir, Marx, und der gestrafften Belegschaft, begann nun für Carstens eine ganz neue und sehr erfolgreiche Ära. Der Betrieb war in guter Verfassung und alles lief bestens, und die Warenhäuser waren nun erst recht scharf auf die Carstens-Ware und gaben nicht auf. Carstens wusste, dass ich dagegen war, und ich wusste, dass er nicht lange NEIN sagen wollte oder konnte. Da schlug ich ihm vor, wir machen wieder so etwas wie damals, als MELITTA schon die Klinke in der Hand und die Banken hinter sich hatte. Wir machen ein völlig anderes Sortiment, das billig in der Herstellung und im Preis ist, und so wurde ich zum Erfinder der EUROPA-Relief-Vasen. Christian Carstens und die Warenhäuser waren begeistert, nur ich hatte kein gutes Gefühl, ich sollte mich nicht täuschen.

Für Christian Carstens war ich nicht nur der Chefdesigner, sondern auch der ständige Berater, besonders für heikle Angelegenheiten. Er hatte damals ein eigenes Jagdrevier und überredete mich, die Jägerprüfung zu machen. Nach bestandener Prüfung, als es dann ernst wurde mit der Schießerei, wurde mir erst bewusst, dass ich dazu nicht zu gebrauchen war. Aber der Wald und die Tiere hatten mich als Kind und Junge, schon immer fasziniert. Und so habe ich als Heger und schlechter Schütze den Wald samt Tieren doch noch genießen können.
Ganz so tüchtig wie sein Vater, was die Frauen betraf, war C.C. nicht, aber ab und zu schleppte er mir angehende Künstlerinnen,

oder solche, die es werden wollten an, die irgendwann und irgendwo mal ein Töpfchen gebastelt hatten. Oft waren das Töchter von Bekannten oder Freunden. Ich genoss gerne diese Abwechslungen. Mehr als ein harmloser Flirt sprang dabei nicht heraus.

Aber dann kam er mit einer reifen Frau an. Ich nahm Witterung auf und wurde neugierig. Das war ein Fehler. Bei allen andern hatte ich nie ein Interesse erkennen lassen, aber ihr Instinkt registrierte sofort: „Ich habe ihn beeindruckt"! Das hatte sie wirklich, denn eine solche perfekte Dame hatte ich höchstens einmal im Kino gesehen. Es stimmte einfach alles an ihr. Aber nun schrillten bei mir die Alarmglocken. Das hieß: Siery, pass auf, bei der kann etwas nicht stimmen, also finde es heraus! Meine erste Frage war: „Wie sind Sie gerade auf diese Firma gekommen?" „Mein Mann ist hier Angestellter." „Und wer ist ihr Mann?" „ Herr Heukeroth." Aha!, war meine Antwort, und sie wusste sofort, welche Rückschlüsse ich daraus zog, denn das war die schlechteste Empfehlung, die sie jetzt und hier anbringen konnte.

Nun tat sie mir fast schon leid, stellte keine Fragen mehr, und ich bat sie, ihren Werdegang zu erzählen. Es war die übliche Kunstgewerbe-Ausbildung, wo sie etwas Töpfern gelernt und im Hause Ihres Vaters eine kleine Töpferwerkstatt eingerichtet hatte. Sie erzählte von Ausstellungen, die sie beschickt hatte, zeigte Zeitungsausschnitte von ihren Exponaten, aber da hatte ich schon Besseres gesehen. Ich wollte dann wissen, ob sie schon in einer größeren Firma gearbeitet habe, da nannte sie Ruscha, kann man was sehen, sie schüttelte den Kopf Ihr Mann hatte hier eine Betriebswohnung, und sie konnte einige Tage noch hier verbringen. Die hat sie auch genutzt, und es dauerte nicht lange und ich wurde ins Chefbüro gebeten. Bei C. C. saß, wie ich nicht anders erwartet hatte, die reife Frau. Ich ließ sie meine Unhöflichkeit hautnah spüren, indem ich sie gar nicht beachtete und gleich zu Christian gewandt sagte: Kann ich Dich mal alleine sprechen? Es funktionierte! Sie sprang sofort auf, ging zur Tür und verschwand. Christian war völlig verdutzt über diese Situation, und als ich ihn ganz ruhig fragte, weshalb er mich hierher beordert hätte, sagte er nur: Setz Dich!

Und während er dann redete, wurde mir schlagartig bewusst, dass ich ernsthaft einen fälligen Wechsel anstreben sollte. Es war mal wieder so weit, wie bei den vorherigen Firmen, in der besten Position sich befindend, aber nicht mehr besonders gefordert zu werden. Es lief ja alles bestens, das machte mich unzufrieden und das ließ sich nur durch einen Wechsel ändern. Ein ganz neues Umfeld, neue Herausforderungen und Aufgaben, das war es, was ich jetzt mal wieder brauchte. Und um das einzuleiten, kam mir diese Dame nun wie von den Göttern geschickt. Die Vorstellung, mit ihr sozusagen als mein Abschiedsgeschenk hier noch etwas Verrücktes in die Welt zu setzen, was ich bisher der Firma nicht antun wollte, um den nötigen Umsatz nicht zu gefährden, kam mir gerade recht. Während seiner Argumentationen hatte ich kaum hingehört, nur als die wichtigste Frage kam, um die es ja nun ging, änderte sich das. Sie lautete, wie konnte es anders sein: „Könntest Du es dir nicht wenigstens einmal anschen?" Mit einem stumm bejahenden Kopfnicken, zog ich ab und ließ ihn zweifelnd zurück. Wenn man etwas, was einem nicht passt, nicht ändern kann, dann sollte man wenigstens das BESTE daraus machen. Das hatte ich inzwischen auch schon gelernt, denn das schaffte Motivation, die braucht man ständig, wenn man schöpferisch tätig ist, und sie lässt Dinge entstehen, die es nicht gegeben hätte, wäre vorher alles glatt gelaufen.

Zufrieden ging ich in mein kleines Atelier und machte das weiter, was ich begonnen hatte. Wohl wissend, dass Christian hierher kommen würde, um sich noch einmal zu versichern, ob das mein Ernst gewesen sei. Er kam, sah mich fragend an. Meine Antwort: Schicke sie mir hierher, dann werde ich es mir ansehen. Sie kam mit einer kleinen Mappe und sagte, Herr Carstens habe ihr gesagt, sie möchten mich noch einmal sprechen und sich dann entscheiden. ob sie etwas mit meinen Vorschlägen anfangen könnten. „Aber ich sage Ihnen gleich , dass ich wenig Hoffnung habe, nach Ihrem Auftritt eben! „Was hatten Sie denn erwartet, als Sie sich hier vorstellten?“, war meine Antwort. „Was hier gebraucht und verlangt wird, ist ein knochenharter Job mit einer ständig auf einem lastenden Verantwortung, und wenn man einmal versagt, wird man doppelt bestraft, denn wenn man deshalb nicht mehr bleiben kann, hat man ganz schlechte Karten, wenn man sich woanders bewirbt, denn Versagen spricht sich schnell herum in diesen Kreisen. Was sie von mir verlangen, dagegen sträubt sich alles in mir, und ich habe alle solche Angebote bisher immer strikt abgelehnt, der Firma hat es nicht geschadet, im Gegenteil, der Umsatz hat sich von Jahr zu Jahr verbessert. Und was sie von mir verlangen, tue ich erst einmal nur, weil mein Chef mich darum gebeten hat. Sie haben ihn wohl so beeindruckt, dass er von Ihnen etwas erwartet, was ich bisher nicht gebracht habe, also legen Sie mal Ihre Arbeiten auf meinen Schreibtisch, ich werde es mir ansehen und dann kommen Sie morgen noch einmal hierher.“

Dann sah ich mir an, was sie sich da ausgedacht hatte und war enttäuscht. Es war, nach meiner Vorstellung gar nichts, was man als etwas Besonderes bezeichnen könnte, schon mal gar nicht als verrückt. Ihr das zu sagen, fiel mir fast schon schwer. Da fiel mir wieder ein, dass ich sie ja zu meinem erwogenen Ausstieg benutzen wollte, mir fiel auch wieder ein, dass sie Ruscha erwähnt hatte, eine kleinere Firma, die eine ausgezeichnete Keramik herstellte und bei der ich Möglichkeiten sah, mich entwurfsmäßig, weiter zu entwickeln. Daraufhin ersparte ich ihr also meine Meinung über ihre Vorschläge und bot ihr die Möglichkeit an, dass wir zusammen ganz anspruchsvolle Objekte konzipieren. könnten, für besondere Ausstellungen, die Sie ja schon bestückt haben wollte, oder auch für exzellente Kunstgewerbe-Geschäfte. Aber diese Firma würde davon nicht viel profitieren.

Mein Ziel vor Augen ließ mich manche Kröte schlucken und ich konnte es prächtig kompensieren mit dem, was aus dieser Zusammenarbeit entstehen könnte, was ich ohne diese Frau, hier nicht gewagt hätte, anzubieten. Und so konnte ich das Stirnrunzeln elegant an die feine Dame überweisen. Man hatte ihr eine Gastrolle angeboten, des Inhalts, jeden Monat eine Woche, aber nicht hier bei mir, sondern in der Dekorabteilung, Vorschläge zu machen. Mit Farben konnte sie besser umgehen als mit Formen stellte sich bald heraus. Damit konnten wir beide nun gut leben. Es kam zu einer ambivalenten Zusammenarbeit auf Kosten der Firma. Wir machten sehr ausgefallene Objekte, die sich ausgezeichnet für Ausstellungen kunstgewerblicher Art eigneten, womit wir auch sogar in Faenca, Italien, Anerkennung fanden, aber für die Firma auch etwas Prestigewirkung erzielten. Nur, es waren für unsere Kundschaft, von der wir ja abhängig waren, perfekte Flops. Aber da ich unbeirrt die Firma mit meinen gut verkäuflichen Serien bediente, konnte man sich diesen Luxus leisten und man ließ uns weiter gewähren mit unseren Spielereien, an denen ich inzwischen auch Gefallen fand. Leider bereitete sie mir dann eine herbe Enttäuschung, der Anlass war wohl mein nächstes Kapitel:

1965 – Ingrid Illgner

Inzwischen hatte Christian eine neue designerische Entdeckung gemacht, nämlich eine junge Frau mit Namen Ingrid Illgner, die aus der Geschirrbranche kam, was ja das ureigene Geschäft der Carstens war. Wir stellten ja auch immer noch Tafelgeschirre her, wenn auch immer weniger. Sie konnte einige Dekor-Entwürfe vorweisen, die mich sofort inspirierten, was sich allerdings nicht nur auf die Entwürfe bezog, sondern auch auf die Person, obwohl ich es vor mir selber nicht zugeben wollte. So blieb ich also cool und gelassen, als verheirateter Mann mit einer hübschen Frau und drei Töchtern! Ein Entwurf löste sofort formale Vorstellungen in mir aus, und ich setzte ihn schnellstens in Modelle um, die begeistert angenommen wurden. Um es kurz machen, es wurde ein Welterfolg wegen seiner anmutigen Schlichtheit in Form, Farbe und Malerei noch viele Jahre lang hergestellt.(Tessin) Weitere Gemeinschaftsarbeiten, die zwar nicht mehr diesen Erfolg erbrachten, aber doch auch heute noch einen bedeutenden Sammlerwert erzielen, wie die Serie „Orion". Dass sich dabei unsere gegenseitige Wertschätzung steigerte, blieb nicht aus und auch nicht ohne Folgen. Wir konnten unsere wachsende Zuneigung kaum verbergen. Als ich dann Ingrid in meine Familie einführte und sie sowohl bei meiner Frau als auch bei meinen Kindern begeistert aufgenommen wurde. fand ich mich in dem schon bekannten Zustand, der nun wieder mal meinen Wechselwunsch bestätigte.

1967 – Rudof Schardt

Der Wunsch wurde konkret umgesetzt auf der nächsten Frühjahrs Messe in Frankfurt durch Vermittlung von Frau Heukeroth, die mich mit dem Inhaber der Firma RUSCHA, Herrn Rudolf Schart, bekannt machte. Dabei stellte sich heraus, dass gerade diese Stelle, die ich auszufüllen gedachte, vakant war. Besser konnte es gar nicht für mich laufen. Endlich lockte mal wieder eine echte Herausforderung mit neuen Möglichkeiten und einer neuen Kundenklientel, die schon eine etwas anspruchsvollere war, als die bei Carstens. Ich zögerte keine Sekunde, und noch während der Messe setzte ich Christian Carstens in Kenntnis, per ultimo meine Stellung als Chefdesigner in seine Firma zu verlassen, um Ihm die Möglichkeit zu bieten, noch während der Messe einen Ersatz für mich zu finden, was Ihm ja dann auch noch gelang, was aber seine Enttäuschung und Verbitterung nicht minderte, denn wir waren Freunde geworden im Kampf um den Erhalt der Firma. Er machte sich Luft mit einem bitterbösen Brief, in dem Er mir ein verantwortungsloses Verhalten vorwarf gegenüber der Firma und den hunderten von Arbeitern und Angestellten. Was Ihn aber nicht davon abhielt, mir ein exzellentes Zeugnis über meine Verdienste in dieser Firma in ihrem jetzigen Zustand auszustellen. Wir fanden dann doch auch nach der Trennung schnell wieder zusammen, denn Er legte immer noch großen Wert auf meine Meinung, und wir trafen uns noch öfter auf Autobahnraststätten. Gleichzeitig mit mir kündigten auch Frau Heukeroth, die mit mir auch zu Ruscha wollte, und Ingrid Illgner, die eine Anstellung als Chefdesignerin bei der Wächtersbacher Keramik fand. Damit endete nun wieder einmal ein ganz wichtiger Lebensabschnitt, der mich sehr geprägt und mir für das, was mir nun bevorstand, beste Voraussetzungen geschaffen hatte, was sehr wichtig war für das, was ich noch vorhatte.

Bei Carstens hatte ich schon begonnen, nebenher Skulpturen zu fertigen, aber nur für mich und nicht für die Firma, was mir schon in der Schule am meisten Freude gemacht, aber dann ganz vernachlässigt wurde. Durch meine Mitgliedschaft in der Jägerei. lernte ich einen berühmten Jagdmaler kennen, der mir vorschlug, einmal eine Serie von jagdbaren Tieren zu modellieren. Er versorgte mich mit Bildern und ich ging mit Begeisterung darauf ein. Ich entwickelte einen eigenen, strengen Stil, aus Sorge, ja nicht in den üblichen Kitsch zu verfallen, was mir auf Anhieb sehr gut gelang, und die entstandenen Objekte trotz der Strenge auch eine gewisse angenehme Ausstrahlung hatten. Der Kunstmaler war begeistert und versprach mir, die Arbeiten bei der nächsten Jagdmaler-Ausstellung in Wolfsburg zu präsentieren. Er hielt Wort und bekam prompt Ärger mit den Kollegen, besonders mit dem damaligen VW-Chef Nordhoff, der ein passionierter Jäger war. Denn ein Jury verlieh den mit Spannung erwarteten ersten Preis meinem BISON aus meiner Tierserie, ein Skandal, denn Skulpturen hatte es bisher in diesen Ausstellungen noch nie gegeben. Keiner außer meinem Malerfreund und den Juroren gratulierten mir. Dafür kam dann aber ein Galerist aus Hannover zu mir und sagte: „Wenn sie diese Skulpturen in Bronze gießen lassen, nehme ich Sie sofort auf!" Ich war noch überwältigt von diesem Erfolg und konnte nur sagen: „Warum wollen Sie sie denn nur in Bronze und nicht in Keramik?" „Weil sie dann erst wertvoll sind", sagte Er, und ich sagte beleidigt: „Dann können Sie es vergessen!" Mein Malerfreund war entsetzt. „Wissen Sie, was Sie da ausgeschlagen haben?" sagte Er. „Ja", sagte ich, „ich weiß, dass ich mich jetzt nicht an einen Galeristen verkauft habe, der mir für den Rest meines Lebens vorschreibt, was ich machen soll, damit Er es verkaufen kann!" Ich habe es nie bereut und mir die wunderbare Freiheit erhalten, das zu machen, was mir Spaß machte und an dem ich mich selber immer wieder erfreuen kann. Ich habe sie nie zum Broterwerb benutzt!

Nun aber wieder zurück in dem Frühling 1967, ein richtiger Zeitpunkt für einen Neuanfang in jeder Beziehung(!) - der dann zur besten Zeit meines Lebens wurde. Aber erst einmal mussten, wo ich ging und stand, Probleme gelöst werden. Herr Rudolf Schardt, der (alleinige) Inhaber der Firma Ruscha war sehr nett, aber die Firma, die einmal gute Zeiten gehabt hatte, befand sich jetzt in dem ähnlichen Zustand, in den ich auch die drei anderen Firmen angetroffen hatte. Somit konnte ich die dort gemachten Erfahrungen in ähnlicher Weise umsetzen. Gleichzeitig musste ich mit meiner Familie mal wieder umsiedeln, die mit meinem Wechsel große Schwierigkeiten hatte, weil einfach alles anders, also schlechter war, wie gehabt, denn sie fanden sich plötzlich und unvorbereitet in einer für sie, total neuen Welt. Wobei ich selbst meine Zweifel bezwingen musste, ob die getroffene Entscheidung, eine richtige war. Aber da es kein Zurück mehr geben konnte für mich, mussten wir nun alle versuchen, damit fertig zu werden.

Es gelang dann doch schneller als befürchtet, mein neuer Chef war dabei sehr hilfreich, auch bei der Wohnungssuche und beim Umzug, mit Leuten aus der Firma, was eine große Erleichterung war. Die Kinder kamen bei allem schneller zurecht als ihre Mutter, aber das hatte ich auch nicht anders erwartet , hatte aber auch keine Zeit, mich damit zu beschäftigen. Ich hatte mir ja bei meiner Zusage, hierher zu kommen
zur Bedingung gemacht, nebenher noch für andere Firmen zu arbeiten,was bedeutete, dass ich nach Feierabend und an den Wochenenden, voll beschäftigt war und die Familie allein zurecht kommen musste. Ich hatte ja am Hause meiner Eltern noch meine Werkstatt, um dort meine Aufträge auszuführen und dabei die Gelegenheit wahrzunehmen, mich mit der Frau zu treffen, die ich liebend gern zu meiner Lebensgefährtin gemacht hätte. NUR alles, aber auch wirk-

lich alles sprach dagegen! Brieflich standen wir im fast täglichen Kontakt. Ich bekam ihre Briefe postlagernd in einem Nachbarort unter falschem Namen (Michael Michaelis). Da ich diese Wochenende nun auch oft auf den Sonntag ausdehnte, hatten wir diese Tage fast immer für uns. Inzwischen war Ingrid Illgner in Ihrer Firma zu hohem Ansehen gelangt, denn sie hatte eine alte verstaubte Firma mächtig aufgemöbelt und das mit großem Erfolg.

Die Firma gehörte dem Fürsten zu Isenburg und Büdingen und reüssierte mit Antik und Art Deco, hatte also einen guten Namen, aber man war nicht mehr mit der Zeit gegangen und kümmerte vor sich hin. Für Frau Illgner war das in ihrer jetzigen Situation genau das Richtige. Als erstes brachte sie Farbe in den vorhandenen Formenbestand, verlangte einen vollkommen neuen Messestand, der nach ihren Vorstellungen gestaltet wurde. Alles wurde alles klaglos bewilligt, und bei der nächsten Messe erstrahlte die Firma in leuchtenden Farben im hellen Licht. Die Wächtersbacher Steingutfabrik war auf einmal wieder voll im Trend, zur großen Freude des Fürsten, der Sie dann zum Dank zu Familienfesten ins Schloss einlud. Dort machte sie Bekanntschaften mit dem Adel, eine Gunst, die noch kein Angestellter der Firma genossen hatte. In diesem Zusammenhang wurde ihr eine Reise nach Mexiko angeboten, zu Verwandten des Fürsten für einige Wochen.

Da fing ich dann an zu grübeln und verglich, was ich ihr zu bieten hatte, mit dem, was sich jetzt um sie herum tat, und die Vorstellung, für Wochen keinerlei Kontakt mehr mit Ihr zu haben, bedrückte mich. Und wer konnte wissen, wem sie noch alles dort begegnete - verglichen mit mir, der ihr immer beteuert hatte, er könne sich nicht scheiden lassen, das ließ sein Verantwortungsbewusstsein für die Frau und die Kinder nicht zu. Aber, was bleibt mir noch, was mir

Freude macht, wenn ich sie verliere? Da wurde mir schlagartig klar: Wenn ich jetzt nicht konsequent handele, würde ich mir das nie, nie verzeihen. Es war schon fast zu spät, sie war schon im Flughafen in Frankfurt zum Abflug bereit! Da rief ich den Flughafen an und bat um einen Ausruf: „Frau Ingrid Illgner, Sie möchten sofort Herrn Heinz Siery zu Hause anrufen, es wäre dringend!" Sie rief tatsächlich an, und ich sagte ihr: „Flieg nicht weg und komm zurück, ich lasse mich SCHEIDEN!" Sie sagte nur: „Mach ich."

1969 – Ein ganz neuer Lebensabschnitt

Ich war so dankbar und glücklich und konnte nun ganz gelassen der Mutter meiner Kinder sagen, was ich eben eingeleitet hatte. Es war ihr nicht entgangen, was sich inzwischen bei Ingrid und mir angebahnt hatte. Sie war also kaum überrascht und fragte nur: „Was wird denn nun aus mir?" Diese Frage hatte ich mir noch nicht gestellt, denn ich hatte ja bis jetzt diese Situation noch in keiner Weise erwogen. Aber da ich ja nun schon oft bei ähnlichen Situationen die entstandenen Probleme gemeistert hatte, war ich sicher, auch für die jetzigen eine Lösung zu finden! Eigentlich änderte sich für sie und die Kinder erst einmal nichts, sie blieben in dem Haus, wie gehabt, nur ich war noch etwas weniger dort, was kaum auffiel. Finanziell gab es keine Probleme, ich blieb ja noch in einem festen Anstellungsverhältnis Die Kinder hatten mit meiner Wahl kein Problem, denn sie kannten und mochten Ingrid noch aus der Tönnishof -Zeit und mochten sie fast lieber als ihre eigene Mutter - und daran hat sich bis heute nichts geändert.

Ändern wollte ich aber nun für mich noch etwas, womit ich mich schon seit einiger Zeit beschäftigte, nämlich eine eigene Werkstatt in der Nähe, wo ich meine Nebenher-Arbeiten erledigen konnte und dafür nicht mehr ständig in den Westerwald fahren musste. Der Werkstattplan wurde jetzt erweitert um eine kleine Wohnung für mich, und wenn Ingrid am Wochenende kam, auch für Sie. Damit begann nun ein ganz neuer Lebensabschnitt für uns beide. Die Götter meinten es offensichtlich gut mit uns, denn mir wurde in einem kleinen Nachbarort ein alter Bauernhof angeboten, den der Makler schon fünf Jahre lang in der Mappe hatte, weil keiner ihn mochte. Er sah nicht sehr einladend aus, aber in seinem unverbauten Zustand erkannte ich die Möglichkeiten, die er bot, was sich im Nachhinein immer mehr bestätigte. Ich sagte schlicht: „Den nehme ich!" „Sind Sie sicher", fragte er mich ungläubig? „Wenn der Preis stimmt, ganz sicher", entgegnete ich, dann können Sie sofort den Vertrag machen! Der Preis stimmte, und ich war kurze Zeit später stolzer Besitzer eines umfänglichen, aber maroden Bauernhofes!

Voller Stolz verkündete ich Ingrid den Neuerwerb, und als ich ihn Ihr vorführte schaute sie sich um und dann mich an und sagte: „Wenn Du meinst!"? Ich hatte sie extra nicht auf das vorbereitet, was Sie jetzt zu sehen bekam und führte ihr gleich das Ärgste vor, nämlich die Toilette. Sie stand am Rande des Misthaufens, es war eine winzige Bretterbude mit einer Tür, in die ein Herz geschnitzt worden war, ringsum geschlossen, in der Mitte eine Holzbank in Sitzhöhe wo ein ca. 30cm. großes Loch ausgeschnitten war und eine bequeme Entleerung ermöglichte. Nun ist es höchste Zeit, Ingrids Biografie zu erläutern. Ihr Vater war Verkaufsleiter einer Weltfirma, und man bewohnte in Wiesbaden eine Villa, die ich auch schon in Augenschein genommen hatte, als wir zusammen auf der Frankfurter Messe waren. Und ich besaß die Kühnheit, ihr diese Bruchbude als kommende Wohn- und Arbeitsstätte anzubieten und dass auch noch in einem winzigen Bauern-Nest mit ca. 350 Einwohnern! Für mich war jetzt ganz wichtig. wie sie reagierte. Sie war ja noch in einer Superposition bei Wächtersbach, war gerne gesehen im Fürstenschloss und genoss alle Privilegien die in einer solchen Position geboten wurden und nun stand sie in SCHWEINHEIM, so hieß das Dörfchen auch noch sinnigerweise, in einem Innenhof in U-Form, umgeben von drei Gebäuden, die wenig einladend aussahen, nämlich dem Wohnhaus, den Ställen und der Scheune, so dass ein schöner Innenhof entstand, der es mir besonders angetan hatte. Das Wohnhaus machte noch den besten Eindruck und war auch noch bewohnt von drei Parteien, das sprach also für eine Wohnmöglichkeit, wenigstens vorübergehend.

Da ich nun gewillt war, mit ihr eine ganz neue Lebensgemeinschaft eingehen zu wollen, musste ich ganz sicher sein, dass sie akzeptierte, mit mir in eine ungewisse Zeit zu gehen, die nichts von dem zu versprechen schien, was sie ja jetzt noch alles hatte. Sie musste mir blind vertrauen! Sie tat es ohne auch nur einen Einwand!

Ab nun begann für uns beide ein ganz neuer Lebensabschnitt, der bisher noch unabsehbar war. Ich baute felsenfest auf meine schon erprobten Eigenschaften, in immer neuen Situationen richtig zu reagieren. Hier stand nun ein prächtiges Objekt vor mir, aus dem man, da war ich sicher, etwas tolles machen konnte, und ich war dabei nicht alleine, im Gegensatz zu den schon gehabten Bedingungen vorher! Jetzt führte ich meiner zukünftigen (noch Wunsch)-Lebensgefährtin die ruinöse Erwerbung vor und erläuterte ihr meine Pläne dahingehend, dass ich damit meinen Wunschtraum erfüllen könnte, nämlich einmal selbständig in einem eigenen Atelier arbeiten zu können - und zwar, um wunderschöne Einzelstücke herzustellen, für die es immer Abnehmer gab. Unter anderem natürlich auch Skulpturen, was mich inzwischen besonders inspirierte. Um dieses Ziel zu erreichen, hatte ich schließlich eine hoch dotierte und angesehene Stellung aufgegeben, war jetzt in eine wackelige Firma eingestiegen, die zwar ein besseres Image hatte, aber einen wesentlich schlechteren Absatz, den ich gerade dabei war, zu verbessern. Sie schaute mich fragend an und sagte: „Und was kann ich dabei tun?" „Mir bei allem helfen, was Dir möglich ist, das werden wir herausfinden, und Du wirst Dich dann wundern, was Du alles kannst: **Man kann viel mehr, als man glaubt zu können.** Ich kenne es aus gemachter Erfahrung. Ihr seid doch auch 1945 vor den Russen aus Chemnitz geflohen und musstet im Westen mit Null anfangen. Und wie weit und schnell hat es Dein Vater dann hier zu einer hohen Stellung gebracht. Wir stehen jetzt hier nicht bei Null, denn das Grundstück auf dem wir jetzt hier stehen mit allem was darauf ist, gehört mir, die Mieter sind alle gekündigt und drei Zimmer werden sofort leer. Die werde ich notdürftig für mich einrichten, damit ich aus Rheinbach ausziehen kann, denn ich will die endgültige Trennung vollziehen. Bleibe aber für die Restfamilie jederzeit in der nahe gelegenen Firma erreichbar.

Aber das hatte ich mir zu einfach vorgestellt. denn so leicht kann man keine langjährige Bindung Schmerz frei lösen, vor allem wenn ein ausgeprägtes Verantwortungsbewusstsein anfängt zu nagen! Es war eine zwiespältige Situation. Einerseits freute ich mich über den neu gewonnen Lebensabschnitt. Um die Kinder machte ich mir keine Sorgen, die konnten mich jeden Tag erreichen, und die Älteste war schon 15 Jahre alt. Aber wie schaffte das Ihre hilflose Mutter? Diese Sorgen verursachten undefinierbare Krankheiten bei mir und zwar so schlimm, das ich zeitweise nicht einmal mehr weitere Strecken Auto fahren konnte. Bei ihr änderte sich das aber dann schnell, als sie einem Arzt begegnete, der ebenfalls in Scheidung lebte. Das gegenseitige Trösten führte zu einer Dauerverbindung, und ich wurde wieder putzmunter und konnte in unserem neuen Atelier fleißig werkeln. Es gab viel zu tun und machte auch wieder Spaß. Die Renovierungen gingen voran und es fing an, richtig Freude zu machen. Nichts befriedigt einen so, wie das, was man selbst gemacht hat. Das kann man nur erfahren, wenn man etwas nicht machen lässt, sondern es selber tut! Mein Wunschtraum begann nun Gestalt anzunehmen, Der Ihre aber auch, denn der war ja erst einmal ziemlich aussichtslos, weil ich immer wieder bei unseren Begegnungen betont hatte, dass ich mich nicht scheiden lassen könnte. Aber nun lief alles schlagartig auf ihre geheimen Wunschträume zu, mit mir immer zusammen sein zu können. Als sie nun die Räume zu sehen bekam, machte sie gleich Vorschläge, was man wo wie machen könnte. Ich schwamm in Wonne. Damit hatte unsere gemeinsame Zukunft nun schon begonnen, besonders, nachdem sie probeweise die Herzchen-Toilette einmal benutzt und dort den Start offiziell und sachbezogen „ein und ausge-leitet" und für gut befunden hatte, wartete ich gespannt auf ihre Re-aktion, die kam prompt und zwar ganz sachlich: „Was brauchst Du denn jetzt für diese Wohnung ?" Da nahm ich sie wortlos in die Arme und wusste: UNSER neues Leben beginnt JETZT!

1969 – Ein ganz verrücktes Paar!

Wenn man bedenkt, was und wer wir damals waren, als wir im Frühling 1969 hier auftauchten und die staunenden Schweinheimer erfuhren, dass wir dieses als unverkäuflich bewertete Gemäuer gekauft hatten, uns sogleich auch schon für verrückt erklärten und uns den hilfreichen Rat erteilten: "RISS ET AB." Um dann später staunend zu sehen, was wir aus den Ruinen gemacht hatten. Das Staunen hat nicht aufgehört und sich gar noch zur Bewunderung entwickelt. Denn inzwischen haben wir noch vier weitere solcher Objekte, die im ähnlich ruinösen Zustand und deshalb auch vakant, die in unmittelbarer Nähe der ersten Erwerbung gelegen waren, erworben und in einen Zustand gebracht, der jeden Besucher in Erstaunen versetzt. Wobei die Verrücktheit bis zum heutigen Tag nicht nachgelassen hat und auch noch weiterhin gepflegt wird als unser MARKENZEICHEN. Aber alles das war nur möglich, weil sich zwei verrückte Verliebte zusammen gefunden hatten, um einen ganz neuen Lebensabschnitt gemeinsam zu beginnen und dass, obwohl sie sich damals ja eigentlich kaum richtig kannten. Wir hatten nun die Gelegenheit, uns ein eigenes Keramik-Atelier auszubauen, mit einem Brennofen und mit den anderen nötigen Utensilien zu bestücken. Mit unseren dafür vorhandenen Kenntnissen und Talenten waren wir in der Lage, begüterten Mitbürgern ihre Heimstätten, mit sehr schönen wertvollen keramischen Wandbildern als Unikate anzubieten. Was aus dem Stand großen Anklang fand und unsere finanzielle Situation absicherte, denn ich hatte noch hohe Unterhaltszahlungen zu bedienen. Als ich meine Drehscheibe aus dem Westerwald hierher geholt hatte, konnte ich hier auch noch eine Modellwerkstadt einrichten, um kleine Keramikfirmen mit Modellen zu bedienen, was ja meine ureigenste Beschäftigung war, gleichzeitig aber auch eine finanzielle Verbesserung und mir Spaß machte.

Das Ziel war klar, aber die Verwirklichung war erst mal eine Dauer-Anforderung an Kopf und Hände. Bei der Suche nach Fliesen für den Ersatz des Herzhäuschens, fanden wir nichts, mit dem wir uns umgeben konnten. Was lag näher, als selber welche anzufertigen, aber nicht als einfache Fliesen, sondern als keramische Wandmalerei. Das erzählten wir dem Fliesenhändler, der dann fragte, ob wir in dieser Art auch große Wände gestalten könnten, was wir kühn bejahten. Diese Unterhaltung war wieder der Anfang einer neuen ganz großen Aufgabe. Denn inzwischen hatte das Wirtschaftswunder eine betuchte Mittelschicht geschaffen, die ihren Wohlstand auch dargestellt wissen wollte, und das geschah nun öfter in Form eines Hallenbades, was zu einem Statussymbol wurde. Den konnten wir nun noch mit unserer Keramischen Wandmalerei um eine Klasse erhöhen. Und jetzt kam Ingrid ganz groß in Aktion, denn sie war nicht nur eine exzellente Malerin, sondern hatte einen ebensolchen Farbensinn, der bei diesen Arbeiten mindestens ebenso wichtig war wie die Malerei, fast noch wichtiger. Der Fliesenhändler vermittelte uns einen (potenten) Kunden, der gerade ein solches Prestigestück erstellen ließ.

Ein kurzer Einblick in unsere ganz neue Arbeitstechnik

Vorgesehen war eine Wand mit 12 Meter Länge, 2,50 Meter hoch! Das war für den Anfang alles andere als eine Kleinigkeit. Woher wir die Kühnheit nahmen, diesen harten Brocken anzupacken? Wir fingen einfach an! Es wurde ein maßstabgerechter Entwurf gefertigt, (auch ein Novum), er wurde akzeptiert, und es konnte losgehen. Zum Glück hatten wir nur eine vage Vorstellung von dem, auf was wir uns da eingelassen hatten, also begannen wir erst einmal mit den Vorrichtungen, um ein solches Werk überhaupt zu schaffen, alles Weitere würde sich ergeben. Ich besorgte große passende Keramikplatten aus Maastricht in Holland Und machte dann eine ganze Reihe von Farbglasurproben. Was sonst noch gebraucht wurde, bekam ich von meiner Firma. Ein großer Tisch von 4 x 1,50 Meter wurde erstellt, der Entwurf nach der Plattengröße gerastert und nummeriert. Nun wurde die gesamte Höhe und ein kleiner Teil der Breite des Wandbildes mit den entsprechenden Platten ausgelegt. Jetzt zeigte meine Partnerin, was sie drauf hatte. Mit Hilfe des 1:10 gerasterten Entwurfs, skizzierte sie vergrößert die Bild-Motive auf das kleine Teilstück der Riesenwand. Diese Linien musste sie nun mit einem, mit einer besonderen Masse gefüllten Bällchen mit aufgesetzter Kanüle nachziehen, was eine sichere Hand erforderte, Dann füllte sie die eingegrenzten Flächen mit den farbigen Glasuren mit einem Pinsel aus. In diesem Zustand haben die Glasuren im Aussehen, nicht die mindeste Ähnlichkeit mit dem Erscheinungsbild nach dem Einbrennen. Die fertigen ersten Reihen kommen dann in den Brennofen, die letzte ist nur halb fertig und wird an den Anfang geschoben, daran neue Rohlinge angesetzt, damit kein Ansatz in der Wand entsteht, und so geht es kontinuierlich weiter. Aber erst kommt noch einmal der spannendste Moment bei dieser Technik, nämlich dann, wenn die ersten gebrannten Stücke aus dem Ofen kommen, und wenn alles o. K. ist, kann es weiter gehen. Wir waren zufrieden, aber brauchten noch Wochen, bis das letzte Stück heil aus dem Ofen kam. Die Anbringung war Sache eines Fliesenlegers. Es gab kein Problem mit der Nummerierung, die immer auf der Rückseite stand. Sie ist umgekehrt wie beim Schachbrett, also: die Zahlen in der Länge und die Buchstaben alphabetisch in der Höhe. Die erste Platte war also links unten, die erste Reihe: A-1 bis A-99, dann die zweite Reihe B-1 bis B-99. Das System hat sich bestens bewährt.

Als alles fertig und an der Wand zu besichtigen, waren wir nicht wenig stolz und bekamen auch gleich den nächsten Auftrag. Das war schon atemberaubend was wir da in diesem nicht einmal halbfertigen Gemäuer geschaffen hatten, von dem wir vorher nie geglaubt hätten, so etwas überhaupt machen zu können. Damals bestätigte sich mein Spruch wieder einmal, das **man viel mehr kann, als man glaubt zu können.** Es hat sich immer wieder bestätigt, denn wir haben noch vieles geschaffen, von dem wir eigentlich gar nicht wussten, wie man so etwas anstellen muss. Wir hatten eine Idee und versuchten sie zu realisieren und fingen einfach an. Da wir nun mit vielen Schwimmbad-Erstellern Kontakt hatten, planten wir ganz großzügig auch ein solches für unser Haus, wozu die geräumige Scheune unter Einbeziehung der Schweineställe genügend Platz bot. Alle Arbeiten bestanden fast immer aus dem Nebeneffekt, dass man durch Fehler am schnellsten lernt. Auch dieses Lernen hat nie aufgehört. Das war so bei den Schwimmbad-Wänden, und als wir dann einen Kachelofen bauen wollten, fanden wir keine für unsere keramischen Ansprüche passenden Kacheln. Da stand für uns fest: Dann machen wir selber welche. Womit sich dann gleichzeitig ein ganz neues Produktionsprogramm entwickelte. Was ich dann noch viel interessanter fand als die großen Wandbilder, denn hier wurde ich wieder als Formgestalter gefordert; und was sich dann noch zu einem besonderen Glücksfall entwickeln sollte!

Denn irgendwann ließ die Ära der Hallenschwimmbäder nach, ausgelöst durch die erste Öelkrise. Da waren wir schon voll ausgelastet mit der Gestaltung von Kaminen und Kachelöfen, wobei nun wieder meine wunderbare Partnerin den Kacheln mit ihrer kunstvollen Malerei erst die richtige Wertigkeit verschaffte. Es entstanden zeitlos schöne wertvolle Objekte und jedes war ein Original, angepasst an die Architektur der Wohnung und des Umfeldes - was die Kunden sehr zu schätzen wussten. Auch auf noch ein neues Betätigungsfeld brachte uns ein Kunde, für den wir einen Kachel-Kamin gemacht hatten. Der wollte auch solche Kacheln in seiner Küchenzeile haben - für uns eine tolle Idee! Er bekam seine Kacheln für die Küche nur deshalb, weil wir gerade die passende Größe hatten, also eigneten sich Kacheln nicht für Küchenzeilen. Viel besser waren die Platten, die wir ja für unsere Schwimmbad-Wände benutzten. Sie waren auch besser zu reinigen in einer Küche. Es fand sich ein Top-Küchen-Hersteller bereit, die nächste Musterküche mit unsren Arbeiten auszustatten. Um es kurz zu machen, es war wieder ein VOLLTREFFER: Wir konnten gar nicht so viel machen, wie gewünscht wurde, und die Lieferzeiten wurden immer länger, weil es ja immer Unikate waren. Aber dafür konnten wir uns die Kunden aussuchen, was ja sehr vorteilhaft war. Das ging soweit, dass wir uns besondere Küchen aussuchten, um dafür etwas Pass genaues anzufertigen, was auch mehr Spaß machte. Aber irgendwann bekam Ingrid starke Rückenprobleme, also mussten wir kürzer treten und machten dann die Erfahrung „Weniger ist mehr" und beschränkten uns auf besonders interessante Aufträge. Aber das Tollste für uns beide war, wie schnell und souverän wir uns aufeinander abgestimmt hatten. Es war immer eine Gemeinschaftsarbeit, wo jeder seine Talente, Kenntnisse und

Fähigkeiten einbrachte die uns auch beide befriedigten. Wir ergänzten uns optimal von Anfang an und der Erfolg bestätigte es.

Neben unserer eigen Arbeit, versorgten wir auch immer noch einige Keramikfirmen mit Modellen und Dekor-Entwürfen. Freischaffend, besonders natürlich Ruscha, was am Anfang unser Standbein war und auch die finanzielle Sicherheit garantierte. Das haben wir beibehalten, bis zum Ende der Zier-Keramik-Ära, die wir zwar sehr bedauerten, weil das ja jahrzehntelang unser eigentliches Betätigungsfeld war und dem wir ja auch unsere geschmackliche Richtung verliehen, die dazu beigetragen hatte, dass die Firmen ganzjährig beschäftigt waren.

1998 – Nichts bleibt wie es ist, alles ist im Fluss!

Der Umsatz bei Ruscha ging ständig zurück und meine Forderungen waren inzwischen auf 25,00,00 DM aufgelaufen. Bevor die Firma in die Insolvenz ging, übereignete sie mir den gesamten Formenbestand, damit ich Ansprüche stellen konnte beim Insolvenz-Verwalter. Das habe ich erst gar nicht versucht denn ich hatte eine bessere Idee. Sie war zwar, nach Art des Hauses wieder verrückt aber einen Versuch wert. Mit meiner ehemaligen Firma Scheurich mit dem Schwiegersohn Dr.Baumann und nach dessen tragischen Tod durch einen Helikopter Absturz, und dem Scheurich Enkel Peter Baumann. Scheurich hatte keinen großen Erfolg mehr mit der Zierkeramik mangels Image, was sie immer noch nicht hatten und produzierte fast nur noch Blumentöpfe. Ich nahm Kontakt auf mit Peter Baumann auf, und empfahl ihm, die gesamte Firma Ruscha aus der Konkursmasse zu kaufen. Da mein Name bei Scheurich immer noch in bester Erinnerung war, nahm er das Angebot an und kaufte die Ruscha für 250.000.00 DM, unter der Bedingung, dass Ingrid und ich Entwurfsmäßg mit einsteigen würden, was wir, im Hinblick auf meinen Ruscha Formenpark sehr gerne zugestehen konnten.
Scheurich stieg dann voll ein, produzierte alles so, wie sie es von Ruscha übernommen hatten: erstellten auf die Messe einen extra Stand , bauten einen tollen Katalog und alles unter dem Logo Ruscha. Wir hatten uns alle noch sehr ins Zeug gelegt, Ingrid hatte noch tolle Wandplatten entwickelt, die ja ein elementarer Bestandteil der Ruscha Produktion war. Und so waren wir voller Hoffnung auf eine kleinen Erfolg! Er blieb klein, denn leider hatten wir vergessen, für den Messestand ehemalige bekannte Ruscha Leute an zu mieten. Die Kunden rochen den Braten und hielten sich bedeckt! Ob wir es nun wahrhaben wollten oder nicht, Die Ära Zierkeramik war endgültg vorbei und blieb unwiederholbar. Was nun wiederum der unzähligen

Menge weltweit verstreuten Produkten zu neuem Ansehen verhalf und zu dem unverdienten Titel eines POTTRERYPAPSTES

Da ich inzwischen auch immer noch Skulpturen in Keramik gemacht und von den Tieren mich an die menschliche Darstellung gewagt hatte, wobei ich mir die zwischenmenschlichen Beziehungen zum Thema gemacht, schlug Ingrid vor, doch einmal einige in Bronze gießen zu lassen, einfach zum Vergleich. Sie hatte wieder einmal Recht! - Wie später noch oft. Ich war begeistert und ließ weitere abgießen.

Als wir unser Haus total fertig ausgebaut und alle Wohn- und Arbeitsräume voll belegt waren, mussten wir von einem Nachbarhaus eine Scheune mieten, um unser Arbeitsmaterial unterzubringen, was immer mehr wurde. Da bot man uns gegenüber ein Grundstück mit Scheune an, was uns natürlich sehr gelegen kam. Die Scheune gehörte zu einem Gesamtgrundstück mit Stallungen und Wohnhaus, das einer älteren Frau gehörte, die aber später zu einer Tochter in deren Haus zog, und so erwarben wir auch das gesamte Grundstück mit allen Gebäuden. Nun konnten wir diese zu Ausstellungszwecken unserer Arbeiten ausgestalten, was dann wieder eine besondere Aufgabe war und uns sehr viel Freude machte. Bestückt mit allen keramischen Möglichkeiten, die unser Atelier zu bieten hatte, konnten wir unseren Kunden nun vorführen, was uns alles möglich war. Unsere Arbeiten wurden immer besser, und der Erfolg blieb nicht aus, so dass, als uns ein weiteres Objekt in unserer unmittelbaren Nachbarschaft angeboten wurde, auch dieses für Ausstellungen übernahmen. Inzwischen waren wir so routiniert in der Renovierung von alten, heruntergekommenen Fachwerkhöfen, dass wir auch noch ein viertes Nachbarobjekt, das nun auch zu haben war, bedenkenlos übernahmen. Von außen haben alle ihren Fachwerkcharakter behalten, nur innen ähnelte keines dem anderen auch nur annähernd. Ermöglicht wurde das besonders durch die Vielfalt, die sich mit unseren eigenen keramischen und anderen Arbeiten anbot und auch genutzt wurde. Sämtliche Bäder, Kamine, Kachelöfen und Wandbilder waren im eigenen Atelier gefertigt. Alleine 13 verschiedene Kachelöfen und Kamine sind zu besichtigen. Ergänzt wurden die Gebäude mit passenden Höfen und Gärten, wo dann auch die inzwischen gefertigten größeren Bronze-Skulpturen einen angemessenen Platz fanden. Die Kleineren wurden im Innenbereich entsprechend platziert. Es waren inzwischen ca. 250 geworden.

Nun war nur noch ein wunderschönes altes Kirchlein unser Nachbar, das aber unverkäuflich war. Als Dank für die vielen Möglichkeiten, die uns das Dörfchen geboten hatte, spendeten wir für Kirche und Gemeinde drei Skulpturen, zwei Madonnen für das Kirchlein und eine Pieta für das Gefallenen-Denkmal, um auch der Mütter der Gefallenen zu gedenken, was erst einmal Irritationen erzeugte. Aber als ein Pfarrer bei einer Gedenkfeier den Sinn der Skulptur erläuterte, wurde sie angenommen. Die Pfarrgemeinde dankte nun den Stiftern mit einer feierlichen Einweihung in der Kirche und einem anschließenden kleinen Dorffest. Es waren erhebende Stunden für uns, besonders in der Einweihungsmesse, für die ein Mitglied der Pfarrgemeinde, Herr Lanzerath, speziell eine kleine Broschüre mit Bildern der Skulpturen und Liedern für die Messe aufgezeichnet hatte, die fleißig mitgesungen wurden. Ich war dazu verdonnert worden, nach dem Pfarrer auch eine Ansprache zu halten und nahm diese ungewöhnliche Gelegenheit wahr, uns bei dem gesamten Dörfchen zu bedanken, das uns diese einmalige Möglichkeit, unser gestalterisches Schaffen so komplex darzustellen, geboten hatte, und es auch denen noch gedankt, die auf ihre Weise dabei mit geholfen hatten.

Dafür bekam ich dann den in einer Kirche nicht üblichen ersten (und wohl auch letzten) öffentlichen Applaus! Einen weiteren Höhepunkt brachte diese Stiftung noch einmal, als ein Kölner Weihbischof im vollen Ornat mit einer kleinen Weihestunde noch den bischöflichen Segen gab. Sehr angetan von unserem Schaffen, versprach er, uns auch ganz privat zu besuchen, und er kam tatsächlich mit noch zwei weiteren Priestern, die alle sehr angetan waren, besonders aber der Bischof, von den Skulpturen, wobei er glaubte, bei einer den Heiligen Geist dargestellt zu sehen. Beim Abschied marschierte er noch einmal zu dem Objekt, wohl um sich zu verabschieden. Er hat jetzt eine eigene Diozöse in Berlin und ist schon Kardina! Erstaunlich dabei war, das niemand Anstoß daran nahm, dass keiner von uns beiden mehr, Mitglied einer Kirchengemeinde war. Zwischenzeitlich hatten wir schöne Ausstellungen, speziell mit unseren Bronzeplastiken. Eine in Köln bei Rolls Royce und eine in im Euskirchener Museum. Beide sehr gut gestaltet. Darüber hinaus haben wir ja eine Dauerausstellung in unseren eigenen Anlagen, sowohl drinnen wie auch draußen.

1980 – Biografie & Mutanten

Die Idee mit der Biographie hatte ich schon vor ein paar Jahren und habe, wegen schlechtem Wetter, in einem Skiurlaub damit begonnen. Es gab dann immer wieder lange Pausen, aber es wäre schade gewesen, wenn ich das damals schnell zu Ende gebracht hätte. Denn seit dem Beginn bis heute hat sich noch so vieles ereignet, das auch noch berichtenswert war. Unsere Schaffens-Phase, was die Keramik betrifft, lief langsam aber stetig aus. Alle Firmen, für die wir bis zum Schluss noch tätig waren, gab es nicht mehr, große Keramikwände für Hallenbäder waren schon seit längerer Zeit kein Thema mehr. Nur unsere Kachelöfen und Kamine fanden immer noch Interessenten, aber auch das ließ langsam nach. Speckstein war auf einmal der Renner. Ich hatte mich ja schon seit einiger Zeit in Bronze verliebt, wobei ich beim Gestalten erst einmal bis zu einer Größe von 80 cm der Keramik treu geblieben bin. Denn Bronze ist eigentlich eine Metamorphose! Sie ist ja nie ein Original, nämlich der Abguss eines Originals. Originale sind sie nur, wenn sie geschmiedet sind, aber das setzt schon einen Schmiede-Beruf voraus. Nur bei den Größen über 80 cm musste ich zu einem Fremdmaterial greifen, was ein absolutes Novum für mich war, statt mit weichem Ton oder Gips nun mit Ytong Steinen zu Hantieren. Aber auch daran fand ich bald Gefallen, Denn nun konnte ich endlich in lebensgroße Dimensionen steigen, was dann doch schon eine andere Welt war, denn ich habe sie ja immer in Sichtweite um mich.

Ich verfiel dann noch auf etwas ganz Verrücktes, nämlich auf meine geliebten MUTANTEN (von mutieren; weiter entwickeln). Unsere Klientel waren alles erfolgreiche Nachkriegsunternehmer, die Ihren Erfolg auch demonstrativ zeigen wollten. Um bei Neukunden schon bei der ersten Begegnung einen Eindruck von Erfolg zu schinden, denn wir mussten Ihnen ja etwas verkaufen, was sie vorher mit keinem Blick zu sehen bekamen. Was eignete sich besser dafür als ein PORSCHE 911? Was sich dann auch bestätigte, denn es wartete buchstäblich einer auf uns, nämlich bei einem Kunden, der genau den hatte, der zu uns passte. Er musste ihn schweren Herzens abgeben, weil die Familie inzwischen zu groß geworden war. Wir wurden handelseinig und wurden nun auch Kunde von Porsche, was gleichzeitig die Geburtsstunde der Mutanten war. Als wir dann bei R.& R. bei der Vorstellung einer neuen Nobel-Karosse eine Anzahl unserer Bronzeskulpturen ausstellen durften, kamen die Porsche Leute sofort auf uns zu und wollten mit uns das Gleiche bei sich und auch wieder für ein neu vorzustellendes Fahrzeug haben. Wir mussten es ablehnen, denn R & R. hatte uns eine so tolle Ausstellung inszeniert, die allein schon räumlich unwiederholbar war. Ich versprach den Porsche-Leuten aber, mir etwas für sie Spezielles einfallen zu lassen und hatte auch schon eine Idee!

Das Thema war jetzt das AUTO. Es besteht aus unzähligen Einzelteilen - und wo landen die Reste eines einmal stolzen Gefährtes? Auf dem Schrott, der nun meine Fundgrube war. Es war Faszination pur. Ich sammelte alles, was radmäßig oder motorisch ein ehemals mobiles Gerät her gab, fand aber dann auch vieles aus immobiler Herkunft, Objekte, die mich formal so begeisterten, das ich sie mitnehmen musste. Und nun kam bei mir wieder der Keramiker zum Zuge mit einer fast genialen Idee, nämlich die Einzelteile in ein besonderes keramisches Material ein zupassen, um damit etwas fast Figürliches darzustellen. Das Ganze dann bei 1030 Grad in unserem Keramik Brennofen zum Schmelzen zu bringen, was den Gebilden eine besondere Aura verleiht. Es war für mich eine einmalige formale Orgie. So entstanden nicht nur figürliche Gebilde, sondern auch Reliefs, die wieder einen eigenen Reiz ausüben. Sie hatten erst einmal einen eigenen Raum, aber es wurden dann so viele, dass wir sie nun in einem größeren Raum, auf dem Sockel eines abgebauten Brenn- ofens, auf Postamente aus ehemaligen Ausstellungen, zu einem Ge- samtkunstwerk vereinigt haben. So sind nun alle in unterschiedlichen Höhen und Breiten glücklich beisammen. Mit den Reliefs an den Wänden und natürlich auch mit einer passenden Wandmalerei an einer Wand von Ingrid, mit der zusammen wir mal wieder dieses wunderbare Gebilde geschaffen haben.

Sie sind mir so lieb geworden, dass ich bisher noch kein Stück her- geben konnte. Ähnlich erging es mir ja auch mit den Keramikskulp- turen, die ich auch nicht hergeben konnte, was auch wieder ein Glücksfall war, denn ich konnte sie später in Bronze abgießen lassen. Und somit haben wir jetzt hier noch fast alles bei uns ausgestellt, was einmal all die Jahre in unsere kleine Welt gesetzt wurde! Die Por- sche-Leute waren begeistert, aber ob das mit unserer mutierenden Beihilfe geadelte Fahrzeug ein Erfolgs-Modell wurde, ist mir nicht bekannt. Wir sind immer noch begeistert und erfreuen uns immer mehr an den Geschöpfen. Sogar meine Keramik-Freunde haben sie begeistert bewundert, die aber meine Bronzearbeiten eher skeptisch sehen. Es ist schon faszinierend, wie sich Möglichkeiten ergeben, wie jetzt mit Porsche und einer Absage für eine schon gehabte Aus- stellung. Eine ganz neue und verrückte Kombination: aus Schrott mit Keramik ganz neue Gebilde zu schaffen, die so einmalig und unwie- derholbar, und ohne diese Symbiose gar nicht machbar sind. Das hat noch keiner versucht!

Also: **Alles ist für etwas GUT!**

2013 – Ein Buch für die Fan-Gemeinde

Inzwischen haben wir von holländischen Sammlern erfahren, dass deutsche Keramik aus den 50er und 60er Jahren des vorigen Jahrhunderts, also sehr viele Objekte aus meiner Anfangszeit, in der Zierkeramischen Industrie begeistert gesammelt werden. Wodurch mein Name einen besonderen Bekanntheitsgrad erreicht hat, den ich erst gar nicht fassen konnte - und das nicht nur bei den Holländern, sondern weltweit. Einzelne Modelle wurden zu Ikonen hochstilisiert. Man drängte uns, bei Facebook einzusteigen, damit man besser miteinander korrespondieren könnte und auch ein Buch über unsere Arbeit zu schreiben. Wir wurden gleich auch einem renommierten Kunstverlag empfohlen, der Interesse zeigte, so dass wir mal wieder in ein ganz neues, unbekanntes Aufgabengebiet mit Begeisterung einstiegen. Der Zeitpunkt war günstig, denn wir hatten gerade ein fünftes Objekt unserer Fachwerk-Höfe-Sammlung in unserer Straße, direkt gegenüber, fertiggestellt, auch wieder mit vielen neuen Besonderheiten Innen und außen gestaltet.

Das Arbeiten an dem Buch gestaltete sich am Anfang ziemlich stressig, denn unsere Vorstellung von diesem Buch und die Vorstellung des Verlages klafften erst einmal erschreckend weit auseinander. Aber wir konnten den Verleger überzeugen, dass wir unsere eigene Vorstellung und auch Gestalterische Ideen von unserem Buch hätten. So kam es dann doch noch zu einer für beide Seiten zwar spannungsgeladenen, aber auch interessanten Zusammenarbeit. Wir hockten jeden Tag vor dem PC, um Seite für Seite zu prüfen und wenn erforderlich, Änderungen vorzuschlagen. Besonders bei der Farbgebung hatte meine wunderbare Frau eine ganz eigene Vorstellung und blieb dabei auch beinhart. Genauso ging es mit den Größenverhältnissen der vielen Bilder. Und genau bei denen erlebten wir die erste

Panne: Wir hatten zwar eine Menge von mir gemachte Fotos abgeliefert, ich musste mir dann aber sagen lassen: Sie seien nicht DRUCK-FÄHIG. Das Problem löste dann ein sehr guter Berufsfotograf aus dem Nachbardorf, der, dem Himmel sei Dank, unser Arbeiten hier von Anfang an bewundert und auch über die ganzen Jahre hinaus Bilder gemacht hatte. Nun konnten wir mit dessen exzellenten Bildern punkten, womit er an diesem Buch einen ganz wesentlichen Anteil hat und auch entsprechend in dem Buch Erwähnung fand.

Und so kämpften nun beide Seiten intensivst bis zur Endgestaltung des Buchinnendeckels. Für die Artikel fand der Verlag sehr gute Autoren, wie Dr. Makus und Alexandra Marks. Unser Bürgermeister, Herr Dr. Friedl, legte in einem Artikel dar, welche Bereicherung unsere Anlagen für Dorf und Stadt bedeuten. Einen ganz besonderen Anteil an dem Gelingen dieses Buches aber hatte der Verlagsleiter. Er war selbst oft hier mit den Vordrucken und verglich die Blätter mit den Originalfarben und machte sich Notizen für den Druck, bei dem Er selbst anwesend war, um alles noch einmal zu korrigieren. Inzwischen sind wir Freunde geworden, was uns besonders freut, Er ist jetzt auch der eigene Verleger. Als dann der lang ersehnte Tag kam und wir das Buch in die Hand nehmen konnten, waren alle Beteiligten überglücklich. Es war ein gutes Buch geworden und kam pünktlich, wenn auch äußerst knapp, noch zur Frankfurter Buchmesse, um dann die Reise in die Welt anzutreten, denn es ist zweisprachig verfasst. Mit diesem Buch, haben wir uns einen großen Wunsch erfüllt. Denn was wir hier so geschaffen haben, wird nach uns so nicht lange weiter existieren können. Auch wenn jeder Besucher sagt: „Das muss erhalten bleiben", können wir nicht daran glauben. Denn in dieser schnelllebigen Zeit ist alles nur auf MARKT und Gewinn ausgerichtet - kaum ist etwas auf demselben, wird schon am Nachfolger gebastelt. An Bleibendem besteht nur noch wenig Interesse. Deshalb erfreuen wir uns auch an dem Buch, das einen kleinen Einblick in unser Schaffen gibt und wohl irgendwo in der Welt etwas länger überlebt als das, was jetzt hier noch zu sehen und zu erfahren ist. Umso mehr genießen wir es selbst, jeden Tag, trotz der vielen Arbeit, die es uns abverlangt. Wenn ich morgens aufwache, sehe ich schon von meinem Bett aus den ganzen Kirchturm bis zur Spitze, und den vergoldeten Wetterhahn, dessen Richtung mir anzeigt, was für ein Wetter wir heute zu erwarten haben. Aber. „Des Lebens ungeteilte Freude … " usw.

2013 – Wie eine Krankheit ein Leben verändert

Es gibt Ereignisse, die unser Leben von einen Tag zum anderen völlig verändern können. Wir kamen gerade aus einem schönen Winterurlaub, und Ingrid brachte als Andenken eine hässliche Gürtelrose mit, die sich als sehr unfreundlich erwies, denn sie verursachte starke Schmerzen, die sie ohne Schmerz- und Schlafmittel, kaum aushalten konnte. Die Folge war eine Stuhlverstopfung, die sich zu einem Darmverschluss und anschießender Notoperation im Euskirchener Krankenhaus, in das sie partout nicht wollte, entwickelte. Wobei man sich nicht sicher war, ob es ohne einen künstlichen Ausgang noch einmal klappen würde, was uns schlaflose Nächte bereitete. Der Darm tat uns aber doch noch den dankenswerten Gefallen und nahm wieder die ihm zugewiesene Arbeit auf. Als sie dann wieder etwas zum Laufen kam, wollte sie unbedingt raus aus dem Krankenhaus und in eine Reha. Der dortige Arzt ließ, wie wohl üblich, eine gründliche Blutuntersuchung machen, bei der man ein völliges Nierenversagen feststellte und ließ sie sodann mit einem Krankenwagen sofort wieder zurück in die Klinik bringen, auf die gleiche Station und zu dem gleichen Arzt, der sie operiert hatte und damit, als Chirurg, total überfordert war.

Damit begann dann ein langer Leidensweg, der fast an einem Abgrund geendet hätte! Man pumpte sie voll Wasser, um die Nieren wieder in Schwung zu bringen. Nun sah sie aus, als hätte man sie aufgeblasen, ca. 12 Liter Wasser verteilten sich völlig unregelmäßig an und in ihrem Körper und verursachten höllische Schmerzen. Da man nicht mehr wusste, was man noch machen könnte, verbrachte man sie ins Nachbarkrankenhaus zu einer Nierenbiopsie, die sehr schmerzhaft war, aber keinen direkten Befund erbrachte. Als ihr Zustand lebensbedrohlich wurde, beschloss man, sie an die Dialyse zu hängen. Und wenn jetzt nicht ein Wunder geschah, war nun auch noch eine drei- bis viermalige wöchentliche Dialyse lebenslang angesagt. Jetzt konnte nur noch ein Wunder helfen. Ich fütterte sie wie ein Vögelchen, mit dem was ich zu Hause für sie vorbereitet hatte, denn was man ihr hier anbot, war alles andere als die Kost für eine Schwerstkranke, sondern eine gedankenlose unverschämte Zumutung.

Aber nun geschah das Wunder wirklich, die Nieren begannen langsam wieder ihre Tätigkeit aufzunehmen und nach ein paar Tagen gab es keine Bedenken mehr, die Dialyse abzusetzen und den Port zu entfernen, was alleine schon ein himmlisches Geschenk war. Die Ärzte waren fassungslos und fanden keine Erklärung für diese Entwicklung, einer nach dem anderen kam, um das fast schon aufgegebene armselige Menschlein zu bestaunen, und sie sprachen tatsächlich von einem Wunder. Nun war sie inzwischen schon 12 Wochen in dieser Klinik und wog noch 45 Kilo. Jetzt wollte man sie in eine Reha abschieben, obwohl sie weder sitzen, geschweige denn gehen konnte. Aber wir bestanden beide darauf, sie zu mir nach Hause zu bringen. In einem total abgemagerten Zustand wurde sie nun mit dem Krankenwagen bei mir abgeliefert. Die nötigen Hilfsmittel wie Toilettenstuhl, Rollstuhl, Rollator und eine besondere Matratze, hatte ich alles schon im Alleingang besorgt. Und nun ging es ihr von Tag zu Tag besser, dank meiner Tag-und-Nacht-Rundum-Pflege und der medizinischen Versorgung durch unsere unermüdliche, liebevolle Hausärztin, die sofort zur Stelle ist, wenn irgendetwas nicht funktioniert.

Es dauerte noch Wochen, bis sie wieder etwas stehen und mit dem Rollator ein wenig laufen konnte. Das musste Sie erst richtig wieder lernen, auf einer Strickleiter auf dem Boden mit Hilfe eines sehr tüchtigen Masseurs. Die Probleme, die sie seit dem 12 wöchigen Krankenhaus-Aufenthalt immer noch hat, vor allem die vielen Nebenwirkungen durch die Unmengen von Medikamenten, die man ihr verabreicht hatte und die sich niemand von den Ärzten erklären konnte, machen ihr immer noch sehr zu schaffen. Wir versuchen nun aus dem noch Möglichen das Beste zu machen, aber es fällt uns immer noch sehr schwer!

Diese Krankheit beendete auch wieder einen Lebensabschnitt. Aber diesmal für uns beide. So frei und unbekümmert wie vorher können wir nicht mehr leben. Aber wie alles, auch dieses hatte wieder etwas Gutes, denn wir leben danach in einem Stadium, in das wir ohne diese Krankheit so schnell, wenn überhaupt, nicht gekommen wären. Wir sind für jeden Tag dankbar, den wir noch zusammen erleben dürfen. Und alles hat plötzlich eine ganz andere Wertigkeit, in allem um uns herum, Somit leben wir seitdem in einer Phase der dankbaren Zufriedenheit, deren Wert man gar nicht hoch genug einschätzen kann.

Seit 1968 – Skifahren in den Bergen

Ich fröne noch immer meiner Leidenschaft fürs Skifahren in den Bergen, dass ja seinen Anfang nahm mit einem gestohlen Brett und einer anschließenden Anzeige. Allerdings, seit Mittenwald mit einer fast fünfundzwanzig jährigen Pause. Dann aber richtig und intensiv mit immer neuen Techniken und natürlich auch mit den entsprechend verbesserten Brettern. , Das betreibe ich nun wieder seit über vierzig Jahren, in denen sich nicht nur das Material (und die Kleidung) verändert hat, sondern auch die Menschen, mit denen ich meine Wiederaufnahme des Skisportes begonnen hatte. Dies war damals noch sehr mühsam, was sowohl die Pisten als auch die Skilifte betraf. Dafür war es aber viel geselliger, denn man hatte eine ganze Woche mit einem Skilehrer gebucht, musste dann einen Hügel hinunter vorfahren und wurde, je nach Können, einem Skilehrer zugeteilt. So wurden dann Gruppen von zehn bis höchstens zwölf Schülern zusammengestellt, die dann auch die ganze kommende Woche zusammen blieben. Diese Gruppen wurden, wieder je nach Können, in Nummern eingeteilt: Gruppe 1 & 2 waren Anfänger, Gruppe 3-4 mittel bis gut und Gruppe 5 die Spitzenklasse. Bis dahin gingen schon ein paar Jahre drauf.

Aber da spielte dann schon der Ehrgeiz mit und da war es nicht mehr so lustig wie bei 3 & 4. In einer Reihe vor unserem Skilehrer stehend, mussten wir unseren Vornamen und die Herkunft nennen, das ganze Treiben nannte man SKISCHULE. So kam man also immer wieder mit den unterschiedlichsten Typen von Menschen zusammen. Und da wir am Anfang alle fast gleich gut oder gleich schlecht fuhren, klappte das auch ganz gut. Da es damals nur Bügel-Schlepplifte gab, also zwei auf einem Bügel, konnte man sich schon einmal näher be schnuppern. Auch gab es noch keine feste Pisten, so ergaben sich schnell jede Menge Stürze wegen der Wannen und Buckel, was die Abfahrt besonders mühsam, aber auch lustig machte, denn da man keine bedrohlichen Geschwindigkeiten entwickeln konnte, verursachte das Purzeln auch keine Blessuren, aber Gelächter. Dabei entstanden langjährige Bekanntschaften und Freundschaften über viele Jahre, zum Teil bis heute.

Das alles blieb noch Jahrzehnte so, bis neue Techniken, wie Schneekanonen, die für Kunstschnee sorgten, sowie breite Pisten-Glätter, die autobahnbreite Strecken für die Skifahrer anlegten. Und nicht zuletzt gab es bequeme Sessel-Lifte, mit denen statt der Bügelschlepper gleich vier bis acht Personen in einem Sessel bequem sitzend in die Höhe der Berge verbracht wurden, um dann elegant die ungebuckelten breiten Pisten in mehr oder weniger eleganten Schwüngen hinab zur Sesselstation zu gleiten oder zu sausen, um dann gleich wieder einen Sessel zu besteigen. Das alles brachte nun eine Menge ungewohnte Veränderungen in unseren gewohnten Skiurlaub. Wir mussten unsere gewohnte Fahrtechnik total umstellen. Wir hatten die ganzen vergangenen Jahre mühsam gelernt, Kurven vermittels des Stockeinsatzes, um den wir eine Kurve ziehen mussten, um die Buckelpisten zu bewältigen, . Inzwischen waren wir stolz in die Fünfer Gruppe aufgestiegen. Es war verlockend, nun diese möglichen Geschwindigkeiten zu erleben, von denen wir vorher nicht zu träumen gewagt hätten. Als ich dann, ohne Skilehrer und Gruppe, einmal nur von Bruder Leichtfuß begleitet, einen tempoverstärkten Sturz vollbrachte, der.mir einen sauberen Sehnenriss in der linken Schulter bescherte und man mir nach der Operation in der Klinik eine ca. 20 cm dicke Trommel unter den Arm schob und diesen an die Trommel für sechs Wochen festschnallte, hatte mich gelehrt, was Tempo vermag.

Die Pisten werden nun bevölkert von verhinderten Ski-Rennfahrern, im gleichen Verhalten, wie die verhinderten Auto-Rennfahrer auf den Straßen. Hinzu gekommen ist auch noch das Fahren mit einem soge- nannten Snowboard, einem 30-40 cm breiten und 150-180 cm lan- gen Brett, das vorne etwas hoch gebogen ist. Die Füße sind schräg in Bindungen geschnallt, so dass man sie nicht bewegen kann. Von den jungen Leuten wurde diese Art der Fortbewegung im Schnee, erst einmal begeistert aufgenommen, und über die Skifahrer mit den zwei Brettern und den zwei Stöcken wurde verächtlich als Stöckle- Fahrer gelästert. Das ließ mir keine Ruhe, also besorgte ich mir ein solches Brett und mal wieder einen Lehrer. Die allerersten Übungen fanden auf einem Eisgletscher statt, auf dem nur ca.2-3 cm Schnee lag! Die nun unabdingbaren Stürze endeten meist auf dem Hintern, was mir mein Steiß dann sehr Übel nahm. Ich habe es dann doch noch gelernt, aber bin nach einiger Zeit wieder ein Stöckle-Fahrer geworden, ich finde es eleganter, und man ist beweglicher.

In den Bahnen und den Sessel-Liften, hört man kaum noch ein Wort, weil fast alle mit ihren I- oder Smartphones beschäftigt sind. Inzwi- schen gab es aber noch natürliche, aber gravierendere Veränderun- gen. Von Jahr zu Jahr fehlten immer mehr langjährige Bekannte und der Abstand zu den Nachkommenden wurde immer größer. Da ich immer noch mit den Brettern sehr guten Umgang pflege und noch nicht so alt aussehe, wie ich bin, bringe ich es als passionierter Stöckle-Fahrer noch zu einer erstaunlichen Darbietung. Und was die Digitalisierung, ob PC, I- oder Smartphone verlangt, da halte ich auch noch mit. Aber das alles nutzt mir nichts, denn das fast totale Fehlen meiner Generation kann man damit nicht kaschieren, was mir am meisten fehlt; ist die heitere Geselligkeit und die menschliche Nähe, die in meiner Generation noch intensiv gepflegt wurde. Sie war für uns fast wichtiger als das eigentliche Skifahren mit seiner

Mühsal, das wir gar nicht so ernst nahmen, wie die jetzige Tempo-Generation.

Um in diese wunderbare Hoch-Gebirgs-Welt im Winter zu kommen, müssen wir nicht nur eine ziemliche Strecke mit Schneefall und verschneiten Straßen bewältigen, sondern auch zugewehte Pässe, wo man sich nur noch an den Stangen am Straßenrand orientieren kann und sich fragt: Müssen wir uns das noch antun? Aber wenn wir es dann geschafft haben und in dieser zauberhaften, tief verschneiten Landschaft angekommen sind, wissen wir, dass wir es uns immer wieder antun werden, solange es uns möglich ist, vor allem aber auch immer noch geleitet von der Aussicht auf das Skifahren auf wunderbar präparierten Pisten, was immer noch ungeheuren Spaß macht, auch wenn ich jetzt immer mehr gefragt werde:„ Fahren Sie noch Ski"? „Ja, warum denn nicht?, ist meine Antwort.

Aber es wird der Tag näher rücken, an dem ich ein letztes Mal dieses herrliche Gefühl der Geschwindigkeit, die mich immer ans Fliegen erinnert, empfinde - mit starker Wehmut abzuschließen. Was mir dann als Wintersport noch bliebe, wäre Langlauf, aber das werde ich mir nicht antun, denn das ist eine andere Welt, und die könnte mich nur traurig stimmen. Alles hat seine Zeit, und ich kann sagen: „Ich habe sie auf meine Art genossen und bin dankbar dafür" und hoffe, es noch eine ganze Weile tun zu können.
Genauso wird es mir wohl auch einmal ergehen mit dem Auto-Fahren, was ich begeistert jahrzehntelang genossen habe. Da wir ja mehr als fleißig waren, konnten wir uns auch die entsprechenden Boliden leisten. Ich hätte nie geglaubt, einmal des Lenkrad meiner Frau zu überlassen, aber da sie eine exzellente Fahrerin ist, lasse ich mich jetzt auch schon einmal genüsslich chauffieren und genieße die Landschaft, die ich vorher nie wirklich gesehen habe. Nur nachts und

bei Regen und Schnee überlässt sie dann doch wieder lieber mir das Steuer. So ergänzen wir uns auch hier ideal, wie immer, was uns ja auch so erfolgreich werden ließ! Der Abschied vom Selbstfahren wird mir aber dadurch erleichtert, dass es nicht mehr das reine Vergnügen ist, so wie ich es lange Zeit gewohnt war. Besonders über die Autobahnen wird der Weg unangenehm, wenn man sich nicht mehr als verhinderter Rennfahrer beteiligen mag und bequemeren Autos den Vorzug gibt. Wagt man sich trotzdem auf die linke, für Rennfahrer ausgewiesene Fahrbahn, wird man unmissverständlich, wieder zwischen zwei Lastzüge verwiesen. Um diesem Horror zu entgehen, fahren wir nun lange Strecken nur noch in der Nacht und das mit großem Vergnügen. Ich habe damit kein Problem, so wie viele andere der Sicht wegen. Da gehört diese doch eigentlich wunderbar ausgebaute Straße, oft kilometerweit, nur uns. Ein erhebendes Gefühl, und wenn der Morgen langsam anbricht, dauert es doch auch noch eine Weile, bis der Kampf um die linke Spur wieder von aus-und unausgeschlafenen Einzelkämpfern besetzt ist. Dann sind wir schon am Ziel unserer Reise

2016 – Alles verändert sich mit beängstigter Schnelligkeit

Da nichts mehr bleibt, wie es einmal war, ist ein ständiges Anpassen an Veränderungen gefordert. Nur die Schnelligkeit, mit der sich heute ständig alles verändert, wirkt langsam beängstigend, weil dabei so vieles, was einmal lange Zeit GUT war, verloren geht und nicht immer durch Besseres ersetzt wird. Als ich mich zuerst mit dem PC beschäftigte, war ich gleich am Anfang aufs falsche Pferd gestiegen, nämlich auf den „Apfel", weil er als der Beste galt und ja auch war. Aber damit war ich ein einsamer Reiter in der Prärie, denn kein Mensch in meiner Umgebung kannte diese Kiste, und ich war angewiesen auf die Leute in Bonn, wo ich ihn gekauft hatte. Das war nicht nur umständlich, sondern auch nicht billig. Und was noch schlimmer war, die Software dafür war noch mehr als bescheiden, dafür um so teurer. Aber dessen ungeachtet, erfreue ich mich an den Neuerungen dieser schnelllebigen Zeit, in der in immer kürzeren Abständen Vorgänger ersetzt werden durch noch bessere Nachfolger, die diese fast unwirklich erscheinende, sogenannte digitale Welt ständig verändern. Kaum hat man sich mit einem komplizierten Gerät angefreundet, stellt man fest, die Freude am älter werden ist ihm nicht vergönnt. Schon bald taucht ein verbesserter Nachfolger auf, der den derzeit noch ausreichenden übertrifft, und unverdient -ALT- aussehen lässt. Angefangen habe ich mit diesen faszinierenden und fast unbegreiflichen Möglichkeiten, als das WWW noch BDX genannt wurde. Erst einmal war es sehr mühsam, sich damit zurechtzufinden. Die Folge war, dass es nur sehr wenige waren, die sich diese Mühe und Plage antaten, und es hat lange gedauert, bis dass mit den ständigen Verbesserungen es so weit war, dass sich ein immer größerer Kreis von Interessenten an dieses Medium wagte, vor allem aber die jüngeren Menschen fanden langsam Gefallen daran.

Zu meinem großen Leidwesen war es nicht mehr meine Generation. Deshalb ist es mir bis heute versagt geblieben, mit meinen Altersgenossen mit diesen wunderbaren Möglichkeiten zu kommunizieren, was ich immer noch bedauere. Was mich aber nicht daran hindert, mich in dieser total neuen digitalen Welt, mit Freude zu bewegen, obwohl ich nur einen Bruchteil der Möglichkeiten nutzen kann, über die es verfügt. Ich befürchte aber, dass die Menschheit in Zukunft noch viel leichter manipulierbarer wird, als sie es jetzt schon ist. Ungeachtet dessen, bin ich aber sehr froh und dankbar, dass ich das alles noch erleben darf und auch damit umgehen kann. Allein die ganzen Erleichterungen, die mir diese Geräte verschaffen, wie Briefe und Bilder verschicken, Bankgeschäfte erledigen, Texte scannen und drucken und per E-Mail oder Fax verschicken. Und wie hat sich unser gutes altes Telefon gemausert, in dessen Nachfolgern jetzt schon fast ein kompletter PC untergebracht ist, verkleinert bis zu Nano-Größen, mit Speichern, für die man früher Kästen gebraucht und Vermögen bezahlt hat. Trotzdem bin ich immer noch neugierig auf das, was noch so alles kommen wird, denn es wird noch vieles kommen, das ist gewiss, denn alles was machbar ist, wird auch gemacht. Egal ob es gebraucht wird oder nicht, aber wenn es neu ist, muss man es haben!

Ähnlich wie mit unserer **Zierkeramik**, wenn sie einem gefiel und wieder neu war, wollte man sie. Aber die wirkliche Wertschätzung erhält DIE erst jetzt, nach vielen Jahrzehnten, nachdem sie als wertlos verachtet auf den Trödel-Märkten gelandet ist, und von einer weltweiten Sammler -Gemeinde mit großer Begeisterung und Fleiß emsig erworben wird, die ich täglich bei Facebook genießen kann. Und das Tollste daran ist für mich, dass ihr Wert im umgekehrten Verhältnis zu den heute gefertigten Artikeln mit zunehmendem Alter steigt. Und so erlebe ich, durch die Gunst der zu frühen Geburt den

Genuss einer Anerkennung, die ich immer noch nicht glaube, verdient zu haben. Die Sammler legen nämlich aller größten Wert auf den Namen des Schöpfers dieser Gebilde, denn der ist der Werte-Stempel und entscheidend für den Preis. Bei der sogenannten KUNST ist es ja nicht anders, den pekuniären Wert entscheidet der NAME, den der Galerist mit dem Preis adelt (der ja jetzt der eigentliche Künstler ist, denn ER bestimmt den Preis, der ja dann auch der eigentliche Wertemaßstab ist, an dem ER dann auch entsprechend partizipiert). Im Gegensatz zu mir, ich bekomme keinen Cent für die Benutzung meines Namens und bin zufrieden mit der vielen Anerkennung, die ich unverdient erhalte. Es wird nun täglich der Ertrag aus den Beutezügen der glücklichen Besitzer im Facebook eingebracht, und man bittet mich um einen Kommentar. Man kann dann einfach nur den Passus „Gefällt mir" anklicken oder einen Kommentar schreiben, wobei der Kleinste der wertvollste ist, nämlich mein Stempel: „von mir"! Dann kann gefeiert werden, aber nicht, ohne sich vorher bei mir zu bedanken(mit lieben Worten)!

Es ist schon ein beglückendes Gefühl, dass die unzähligen Produkte, die ich seit 1954 „verbrochen" habe, mir heute, nach 60 Jahren, stolz vorgeführt werden mit der Bitte, zu bestätigen, dass sie von mir sind. Und das weltweit. Was will man mehr? Da ich diese Geschöpfe als Massenartikel nie sehr hoch eingeschätzt habe, erleben sie jetzt eine Wertschätzung, dich **ich** ihnen nie zugebilligt habe. Auf den Messen habe ich mir immer neidvoll die Arbeiten der kleinen Werkstätten angesehen die mit ausgefallenen Stücken protzen konnten. Das wollte ich unbedingt auch einmal - und habe es zusammen mit meiner wunderbaren Frau und Partnerin geschafft.

Entwurfsmäßig waren wir noch weiter freischaffend für die Zierkeramik tätig, bis zu ihrem Ende. Aber in unserem eigenen Atelier sind

wir in andere Dimensionen und Materialien vorgedrungen und eingestiegen. Hinzu kam noch der Erwerb der restaurationsbedürftigen
Fachwerkhöfe, ein total neuer Aufgabenbereich, der ebenfalls freudig
angegangen wurde und uns immer wieder neu beglückte, wenn wir
sie im alten Glanz haben erstehen lassen. Damit und mit unseren
Bronzestiftungen haben wir unserem geliebten neuen Heimatdörf-
chen eine unübersehbare Hinterlassenschaft beschert. Denn die Gebäude sind Galerie und Museum zugleich. Zugänglich für jeden Interessenten, der sich der Mühe unterwerfen will. Fünf Höfe, mit je drei
Gebäuden (Wohnhaus, Stall und Scheune), das ergibt hochgerechnet
ca. 55 Räume, von denen jeder einzelne Raum eigens gestaltet ist,
keiner hat auch nur andeutungsweise Ähnlichkeit mit einem anderen
Raum. Was nicht heißen will, dass wir auch in diesen Räumen wieder
Änderungen vornehmen werden. Wir selbst staunen nun im Nachhinein über das, was wir im Laufe unseres verrückten Zusammenle-
bens alles „verbrochen" haben.

Alleine zu sehen, was wir tagtäglich um uns haben, ist die Bestätigung, dass wir nur in dieser Partnerschaft so erfolgreich sein konnten. Hinzu kommen ja noch die vielen, unzähligen Arbeiten für anspruchsvolle Hausbesitzer, die ihre Heimstatt mit etwas Ausgefalle-
nem, wie Keramik Wandmalerei, Kaminen und Kachelöfen etc. bestückt haben wollten. Und nebenbei wurden immer noch Keramikfirmen mit Entwürfen und Modellen versorgt. Möglich wurde das
alles, durch die zufällige Begegnung zweier völlig unterschiedlicher
Menschen. Aber beide mit dem Hang, etwas Unübliches anzustellen
und auch Risiken einzugehen.

Dankbar sein, lässt das älter werden leichter ertragen!

Nun aber noch einmal zu meinem Anfang, nämlich zu meiner zu frühen Geburt, die mir eine wunderbar reiche Vita ermöglicht hat. In Dankbarkeit erinnere ich mich an die vielen Menschen, die mir in meinem langen Leben und in welcher Form auch immer, etwas bedeutet, mir geholfen oder mir gegeben haben. Denn man lebt ja nie alleine und ist immer abhängig vom Umfeld, in dem man sich befindet. Die längste und intensivste Abhängigkeit erleben wir ja als total abhängige Menschenkinder im Gegensatz zu den meisten Tieren. Da gehen fast 20 Jahre drauf, und bis zu einer ordentlichen Reife braucht es auch noch etliche Jährchen. Rückblickend habe ich dieses Stadium wohl erst Anfang vierzig erreicht. Aber das immer noch reifer werden hört ja erst bei unserem Abgang von der großen Weltbühne auf. Ab dem Stadium einer gewissen Gelassenheit kann man die verbleibende Zeit aber viel intensiver und dankbarer genießen als vorher. Es ist schon erstaunlich, wie unterschiedlich sich die Wertigkeiten verändern, die man in den verschiedenen Altersstadien erlebt, und man kann nur staunen, wie unwichtig das Meiste davon war, mit dem man sich belastet hat. Die erste Hälfte meines Arbeitslebens musste ich mich zwangsläufig der Lebenserhaltung mehrerer Menschen, Fremdbestimmung unterwerfen. Das änderte sich schlagartig, als ich den letzten Firmen-Wechsel vollzog, der gleichzeitig ein doppelter war. Ich löste mich auch aus einer Ehe, die eigentlich nicht einmal eine Partnerschaft war, denn ich war immer nur der Alleinverantwortliche für alles und jedes. Um nun mit der Frau, mit der ich jetzt schon 46 Jahre zusammen lebe und arbeite, die Schönste zweite Hälfte meines Lebens, mit viel gemeinsamer Arbeit, glücklich und immer mit Freude am Geschaffenen, zu verbringen. Nur dadurch, dass wir uns ideal ergänzt und auch gefördert haben, war das möglich, was wir immer zusammen haben entstehen lassen. Wir haben uns nie als Konkurrenten gefühlt, sondern waren immer bedacht, uns gegenseitig mit unseren verschiedenen Talenten und Fertigkeiten, zu unterstützen - und auch Kritik angenommen haben, was dann auch immer zu einem optimalen Ergebnis führte, worüber wir uns auch BEIDE freuen konnten.

Bei meiner Tätigkeit als Designer in der Zierkeramischen Industrie habe ich die Dauer und das Ende immer selber bestimmt, aber in immer längeren Abschnitten. Nur das Ende der letzten Epoche werde ich wohl (noch) nicht bestimmen können (obwohl ich der EIGEN-BESTIMMUNG schon einiges abgewinnen kann). Der Gnade der zu frühen Geburt habe ich nicht nur mein Leben zu verdanke, sondern auch die vielen unterschiedlichsten Epochen, die ich erleben durfte. Vor allem aber die letzte Lebenshälfte leben zu dürfen mit dieser wunderbaren Frau an meiner Seite Dafür bin ich unendlich dankbar, Unsere gegenseitige Wertschätzung wächst jeden
Tag immer noch mehr und mehr, und so betrachten wir auch gegenseitig den Partner als ein wunderbares Geschenk! Wir sind versunken in einen Zustand von Liebe, die mit ihrer Kraft wahre Glücksgefühle entstehen lassen kann und die man wohl nur in einem solchen Stadium erlebt. Liebe und geliebt werden ist das größte,was ein Leben zu bieten hat. Aber dafür muss man schon durch einige Höllen gegangen sein, um bis dahin zu kommen!

Mit einem Fuß schon in den Neunzigern, beende ich nun erst einmal diese Beschreibung meines Lebens, das mir sehr unterschiedliche Erfahrungswelten eröffnete, die meine Persönlichkeit auf ihre je eigene Art prägten.
Es war ein prall gefülltes, erlebnisreiches Leben, mit vielen Höhen und Tiefen,wie sich das für ein bewegtes Leben gehört. Das erfüllt

mich mit großer Dankbarkeit, denn Dankbar sein, erzeugt auch Glücksgefühle! Aber der Himmel kann noch warten, es gibt noch viel zu tun. Denn

MAN KANN VIEL MEHR,
ALS MAN GLAUBT ZU KÖNNEN